無添加焼菓子「レリーサ」の

体にやさしい
クッキーとケーク

田村智子

はじめまして、レリーサです

つくりたての香りや、よけいなものを加えず
素材の風味が生きた、シンプルで力強いお菓子を味わってほしい。
良質な食材のおいしさをそのまま伝えられたら。
そんな思いで始めた「無添加焼菓子レリーサ」は、
おかげさまで開店15年目を迎えました。
安心を求めて、妊婦さんや子育て中のママたちも
通ってくれるお店になりました。

私自身も親となり、子どものためにお菓子を焼くようになりました。
食べる人を思いながらつくることも、
おいしいレシピにつながります。
毎日のおやつを手づくりするのは大変かもしれませんが、
焼きたてのクッキーをほおばる娘の笑顔を見ていると、
とても幸せな気分になり、またつくろうと思えるのです。

香料やベーキングパウダーなどの添加物を使わずに、
お菓子をつくるのは難しくありません。
ただ下ごしらえや作業には、ちょっとしたコツが必要です。
この本では、お店の定番や季節の素材を使ったお菓子を
ご家庭で再現しやすいよう、レシピを工夫しました。
ぜひ味わってみてください。

田村智子

Contents

2　はじめまして、レリーサです

6　すべてのお菓子に共通するテクニック

9　紙型のつくり方

無添加でつくる
体にやさしいクッキー

12　バタークッキー

14　型抜きクッキー　ワニ×ハリネズミ

16　ビターチョコレートのクッキー

17　オートミールのクッキー

20　和三盆糖のクッキー

22　黒ごまのクッキー

24　抹茶のクッキー

25　シナモンのクッキー

29　レモンのクッキー

30　チョコレートサンドクッキー

[この本のきまり]
- 小さじ1は5㎖、大さじ1は15㎖です。
- お菓子を焼く温度と時間は、家庭用の電気オーブンを使用する際の目安です。機種や使用年数などにより加熱の状態が異なるので、様子を見ながら温度と時間を調整してください。
- 電子レンジの加熱時間は記載したW数の場合の目安です。様子を見ながら加減してください。
- 日もちは、それぞれのお菓子に記載した方法で保存した場合の目安です。清潔な状態を保ち、期間内に食べきるようにしてください。

32　バーチ・ディ・ダーマ

34　ビスコッティ

36　生キャラメルサンドクッキー

38　ロシアンクッキー

40　黒こしょうのクッキー

42　じゃがいものクッキー

44　チーズのクッキー

45　スパイスクッキー

48　アイスボックスクッキー

50　乾パン

素材の力で焼き上げる ナチュラルなケーク

54　発酵バターのケーク

58　レモンのケーク

60　バナナとくるみのケーク

62　ブルーベリーのケーク

64　マーマレードのケーク

66　りんごのケーク

68　栗のケーク

70　くるみと味噌のケーク

71　チョコレートとヘーゼルナッツのケーク

74　熟成フルーツのケーク

76　スフレチーズケーキ

78　しっとりブラウニー

80　かすてら

82　シフォンケーキ　プレーン×抹茶

84　お菓子づくりに使う材料

86　お菓子づくりに使う道具

92　失敗なくつくるために……お菓子Q&A

95　お店の紹介

Technique

すべてのお菓子に共通するテクニック

添加物を使わない素材の力を生かしたお菓子づくりには、欠かせない準備や下ごしらえがあります。テクニックとしては決して難しくありません。ひとつひとつの手順とルールをしっかり守って、目指す味わいのお菓子に焼き上げてください。

材料　バター
室温にもどす

かたいと混ぜにくいので、バターは冷蔵庫から出して室温にもどします。分量を量るときに平たく整えてラップで包むと、早く均一にもどります。お菓子づくりに望ましい室内の温度は16～20℃ですが、もどし時間は季節によっても異なるので状態を見て判断しましょう。

〈クッキーのとき〉
原則として、かためからスタート。室温の最適温度は16～18℃。指で押すと、芯がややかたく最後まで押しきれない状態が目安。

〈ケークや絞り出しクッキーのとき〉
原則として、バターを撹拌するものはやわらかめからスタート。室温の最適温度は約20℃。指で押すと、芯を感じずに押し込める状態が目安です。

point!

・室温が高いと、混ぜる途中でバターがだれることも。ひと回り大きいボウルに氷水（よく冷やした保冷剤でもOK）を用意しておき、バターがだれてきたらボウルの底を氷水につけて冷やし、かたさを調節してください。

・包んだラップに残ったバターもゴムべらでこそげると、むだがありません。

材料 卵
「冷」と「温」を使い分ける

全卵、または卵白や卵黄だけを使うときも、軽く溶きほぐしてから量ります。原則としてバターと同様に室温にもどしますが、卵白だけのときと全卵のときでは最適温度が違うので、それぞれに合わせて冷やしたり温めたりします。

point!
- 卵白だけを泡立ててメレンゲをつくるときは、冷凍庫で凍る直前(縁の部分がシャリシャリした状態)まで冷やします。よく冷えた卵白を使うと、しっかり泡立ち、安定しやすいです。

- 全卵を泡立てるときは、温かくして乳化(水分と油脂が混ざること)を助けます。温度が高すぎるとたんぱく質が固まってしまうので、湯せん(右記参照)で卵が36℃程度になるように調節し、指を入れて温かく感じたら湯せんからはずします。

- きめ細かく泡立ち、生地をたらすと折り重なるような状態まで泡立てます。

 材料 小麦粉
ふるってから使う

薄力粉や強力粉などの小麦粉だけでなく、それらとココアパウダーやアーモンドパウダーを合わせるときも、ストレーナー(万能こし器)などでふるい、だまになるのを防ぎます。ストレーナーに残った粉もしっかり取って使いましょう。

point!
- 粉類はふるって粒子の大きさを均一にすると、混ぜやすく、だまにもなりにくいです。

 技法 湯せん(チョコレートやバター)
熱をやさしく伝えて溶かす

バターやチョコレートなど、固形のものをほかの材料と混ざりやすくするため、温めて液状に溶かします。直火では温度が高すぎて風味がとんでしまうので、ボウルに湯気や水滴が入らないよう気をつけながら湯せんしましょう。

point!
- フライパンに湯を沸かし、沸騰したら火を止め、バターやチョコレートを入れたボウルの底をつけ、耐熱のゴムべらで静かに混ぜます。

材料　きび糖・塩
粒子の細かいものをふるう

きび糖や塩は、粒子の細かいものを使うとバターとすり混ぜやすいです。口どけをよくするために、さらにストレーナーなどでふるい、粒子の大きさをそろえましょう。

point!
- きび糖や塩は、できるだけ粒子の細かいほうがおすすめ。

- ストレーナーでふるい、粒が粗いものは除くと食感がよくなります。

道具　オーブンのくせを知る
焼き色を見て場所を入れ替える

この本で設定しているのは、一般的な家庭用の電気オーブンを使う場合の温度と焼き時間です。オーブンにより適切な温度や焼き時間は微妙に変わるので、最初はレシピどおりに設定し、焼け具合を見て調節します。「左側が焼けにくい」「上火が強い」など、自分が使っているオーブンのくせを知ることが大切です。レリーサではクッキーは中段、ケーキは下段で焼いています。途中で天板の向きやクッキーの場所を入れ替えたり、焼き色がついたものは取り出したりと、こまめにチェックしましょう。

point!
- 焼き時間の半分が、焼け具合を確認する目安。扉を開けると庫内の温度が下がるので、すばやく天板の向きを変えましょう。

- 焼き時間がきたら、目指す焼き色がついたクッキーは取り出し、残りは焼け具合を見て場所を入れ替えます。

- 裏にしっかり焼き色がついたら取り出します(右)。色が浅いものはさらに2〜3分焼くこと(左)。

紙型のつくり方
コピー用紙などを利用する

生キャラメルサンドクッキー(p.36)やしっとりブラウニー(p.78)で使う紙型は、自作できます。A4(21×29.7cm)のコピー用紙またはクッキングシートを使いましょう。

1. 天板や型に生地がくっつくのを防ぐ紙型は、クッキングシートでつくるときは2枚重ねにして、耐熱温度250℃以上のものを使用します。コピー用紙で作るときは、1枚で大丈夫です。

2. ブラウニーの紙型は、両方の長辺を端から4cm(生キャラメルは5.5cm)のところで内側に折り、短辺は5.3cm(生キャラメルは7.3cm)のところで内側に折ります。

3. 短辺の角を広げてつぶし、写真を参照して角がずれるように屋根形に折ります。このずれた部分が箱の「耳」となります。

4. 屋根形に折った短辺の角4か所をすべて内側に折り込みます。

5. 「耳」になる部分を短辺の外側に折り返し、両方の長辺を立ち上げると、13×19cmの箱形(生キャラメルは10×15cm)になります。

6. これで完成です。市販の紙型がなくても簡単につくれるので、ぜひ試してみてください(写真は生キャラメルの紙型です)。

Cookies

無添加でつくる
体にやさしいクッキー

材料の味がストレートに出る焼き菓子が好き。
無添加で焼き上げるクッキーはほっとする味わいで、
素材そのもののおいしさを感じられます。

基本の材料は小麦粉、バター、砂糖、卵とシンプルなので、
ぜひ自分がおいしいと思う良質なものを選んでください。
こんな味や食感のお菓子に仕上げたいというイメージによって、
卵は卵黄、卵白、全卵と使い分けています。

クッキーをつくる作業で気をつけていただきたいのは、
粉っぽさがなくなるまで生地をしっかり混ぜ、均一にのばし、
同じ大きさに切り分けること。
また、焼いている途中で位置を入れ替えるのも大切です。
美しい仕上がりと、さくっとした口どけを目指しましょう。

バタークッキー
Butter cookies

フレッシュなバターをたっぷり使い、卵黄のみを加えてほろっとした食感に。できたての香りが格別によいクッキーです。

■ 材料〔直径5cmのもの約20個分〕
薄力粉 ----- 150g
発酵バター(食塩不使用・室温にもどす) ----- 100g
卵黄(室温にもどす) ----- 1個分(約15g)
きび糖 ----- 60g
塩 ----- ひとつまみ(約1g)

■ 準備
・薄力粉、きび糖はそれぞれふるう。
■ 生地をねかせる時間　半日以上
■ オーブンの予熱温度　160℃
■ 日もち
密閉容器に入れ、常温で7日間。
おすすめは焼きたてから3日目まで。

point!
- 生地は半日以上ねかせ、切るときはナイフをまっすぐおろすときれいに切れる。
- 材料を均一になるまできちんと混ぜると、さくっと口どけがよくなる。
- 裏に焼き色がついたら完成(写真右)。焼きが浅いものはさらに2〜3分焼く(写真左)。

1. ボウルにバターを入れ、ゴムべらで底に押しつけるように混ぜる。きび糖と塩を加え、均一になったら卵黄を加えて混ぜる。なめらかになったら薄力粉を一度に加え、切るように混ぜる。

2. 小さなかたまりができてポロポロした状態になったら、カードで生地をボウルの側面に押しつけるようにして混ぜ、ひとまとめにする。

3. まな板などに取り出し、手のひらの下の部分で生地を前に押し出すようにする。これを2〜3回くり返す。

4. 生地を直径5cm、長さ15cm程度の円筒形に軽くまとめ、クッキングシートで包む。カードで押して巻きをしめ、直径5cmのきれいな円筒形にする。両端をひねり、ポリ袋に入れて冷蔵庫で半日以上ねかせる。

5. クッキングシートを開いて、厚さ7mmを目安に約20個に切り分け、クッキングシートを敷いた天板に並べる。160℃のオーブンで15分焼き、天板の向きを変えて15分焼く。

6. 焼き色を見ながらクッキーの位置を入れ替え、5分焼く。焼きが浅いものはさらに2〜3分焼く。ケーキクーラーにのせて粗熱を取る。

型抜きクッキー
ワニ×ハリネズミ
Cut-Out cookies

生地は焼くと少しふくらむので、でき上がりを想像しながら、絵を描くように目や鼻をつけてみてください。

● 材料〔約8〜9cmのもの20〜23個分〕
薄力粉 ----- 185g
発酵バター（食塩不使用・室温にもどす）----- 100g
溶き卵（室温にもどす）----- ½個分（約25g）
きび糖 ----- 70g
塩 ----- ひとつまみ（約1g）
皮つきヘーゼルナッツパウダー ----- 25g

● 準備
・薄力粉とヘーゼルナッツパウダーを合わせてふるう。
・きび糖はふるう。
● 生地をねかせる時間　3時間以上
● オーブンの予熱温度　170℃
● 日もち
密閉容器に入れ、常温で7日間。
おすすめは焼きたてから3日目まで。

point!
● 型で抜くときに生地がやわらかくなったら、冷蔵庫に5分ほど入れて冷やす。

抜き型
ワニは金沢市の雑貨屋さんで見つけた型。雑貨店には、輸入もののユニークな型が置いてあることが多い。ハリネズミの型は合羽橋の「Dr.Goods」で見つけたもの。

1. 「バタークッキー」(p.12)を参照してバターを混ぜ、きび糖と塩を加える。均一に混ざったら、溶き卵を加えてゴムべらでよくすり混ぜる。

2. 薄力粉とヘーゼルナッツパウダーを一度に加え、全体がなじむまでゴムべらで切るように混ぜる。生地がまとまったらポリ袋に入れ、袋の上からめん棒で23×28cmくらい（厚さ3mm）にのばし、冷蔵庫で3時間以上ねかせる。

3. 冷蔵庫から出してポリ袋を切り開き、好みの型ですき間のないように抜いて、クッキングシートを敷いた天板に並べる。抜いたあとの生地をまとめてポリ袋にはさんで厚さ3mmにのばし、同様に型で抜いて並べる。

4. ワニの背中にはパイカッターの反対側(p.88)を、ハリネズミの顔には絞り袋の口金を押しあてて模様をつける。ハリネズミの鼻先には生地を小さく丸めてつける。パイカッターがないときは、ペティナイフなどですじをつける。

5. ワニの目は、楊枝の先で円を描き、その円の中に点を描く。ハリネズミの目を楊枝でつける。170℃のオーブンで15分焼き、天板の向きを変えて15分焼く。

6. 焼き色を見ながらクッキーの位置を入れ替え、5分焼く。焼きが浅いものはさらに2〜3分焼く。ケーキクーラーにのせて粗熱を取る。

ビターチョコレートのクッキー (つくり方 p.18)

オートミールのクッキー（つくり方 p.19）

ビターチョコレートの
クッキー
Bitter Chocolate cookies

チョコレートを使ったおいしい焼き菓子をつくりたいと考えたレシピ。ほんのりきかせた塩味がポイントです。

■ 材料〔直径5cmのもの約25個分〕
薄力粉 ----- 140g
バター(食塩不使用・室温にもどす) ----- 100g
きび糖 ----- 40g
ビターチョコレート(カカオ分50〜60%) ----- 30g
塩 ----- ひとつまみ(約1g)
ココアパウダー ----- 10g

■ 準備
・薄力粉とココアパウダーは合わせてふるう。
・きび糖はふるう。
■ 生地をねかせる時間　半日以上
■ オーブンの予熱温度　160℃
■ 日もち
密閉容器に入れ、常温で5日間。
おすすめは焼きたてから3日目まで。

point!
- 焼き上がりの判断が難しいが、合計で30〜35分焼けば十分。

1. チョコレートは刻み、湯せん(p.7参照)で溶かす。
2. ボウルにバターを入れ、きび糖と塩を加えてゴムべらで均一になるまですり混ぜる。1を加え、さらによく混ぜる。
3. 薄力粉とココアパウダーを一度に加え、均一になるまで切るように混ぜる。
4. 生地を直径5cm、長さ15cm程度の円筒形に軽くまとめ(写真a)、バタークッキー(p.12)を参照し、クッキングシートを使って円筒形に成形する。冷蔵庫で半日以上ねかせる。
5. 冷蔵庫から出して、切りやすいかたさになるまでおく。「バタークッキー」(p.12)と同様に、厚さ5〜6mmに切り分けてクッキングシートを敷いた天板に並べる。
6. 160℃のオーブンに入れ、途中で天板の向きを変え、クッキーの位置を入れ替えて合計で30〜35分焼く。ケーキクーラーにのせて粗熱を取る。

a

オートミールのクッキー
Oatmeal cookies

雑穀やナッツを使った、ナチュラルで栄養価の高いクッキーです。ミルクといっしょに、朝食などにもどうぞ。

■ 材料〔直径5cmのもの約30個分〕
薄力粉 ----- 85g
バター（食塩不使用・室温にもどす）----- 100g
オートミール ----- 50g
ココナッツ（ファイン）----- 50g
きび糖 ----- 40g
塩 ----- ひとつまみ（約1g）

■ 準備
・薄力粉は1回ふるい、
　オートミール、ココナッツと合わせてよく混ぜておく。
・きび糖はふるう。

■ 生地をねかせる時間　半日以上
■ オーブンの予熱温度　160℃
■ 日もち
密閉容器に入れ、常温で5日間。
おすすめは焼きたてから3日目まで。

point!
• ココナッツは混ぜやすいように、短くカットされたファインを使用。

1. ボウルにバターを入れてゴムべらで混ぜ、きび糖と塩を加えて均一になるまで混ぜる。
2. 薄力粉、オートミール、ココナッツを一度に加えて切るように混ぜ、ほぼ混ざったらカードで混ぜながらひとまとめにする（写真a）。
3. 生地を取り出して直径5cm、長さ15cm程度の円筒形に軽くまとめ、「バタークッキー」(p.12)を参照し、クッキングシートを使って円筒形に成形する。冷蔵庫で半日以上ねかせる。
4. 冷蔵庫から出して、切りやすいかたさになるまでおく。「バタークッキー」(p.12)と同様に、厚さ4〜5mmに切り分けてクッキングシートを敷いた天板に並べる。
5. 160℃のオーブンに入れ、途中で天板の向きを変え、クッキーの位置を入れ替えて合計で30〜35分、しっかり焼き色がつくまで焼く。ケーキクーラーにのせて粗熱を取る。

a

和三盆糖のクッキー
Wasanbon cookies

ほろっと口の中で溶けるような食感と和三盆のやさしい味わいは、コーヒーとも緑茶とも好相性。お店でも人気のクッキーです。

■ 材料〔直径2cmのもの約45個分〕
薄力粉 ----- 150g
バター（食塩不使用・室温にもどす）----- 100g
きび糖 ----- 30g
皮つきアーモンドパウダー ----- 30g
和三盆糖 ----- 適量

■ 準備
・薄力粉はアーモンドパウダーと合わせてふるう。
・きび糖はふるう。

■ 生地をねかせる時間　2時間以上
■ オーブンの予熱温度　170℃
■ 日もち
密閉容器に入れ、常温で5日間。
おすすめは焼きたてから翌日まで。

point!
● 丸めるときにぎゅっと力を入れてしめると、かたい食感になるのでNG。ふんわり丸めると中までほろっとくずれるやさしい焼き上がりに。

1. バターをゴムべらで混ぜてクリーム状にし、きび糖を加えて均一になるまでよくすり混ぜる。

2. 薄力粉とアーモンドパウダーを一度に加え、ゴムべらで切るように混ぜる。ポロポロした状態になったら、カードでボウルの側面に押しつけるようにして混ぜる。

3. 手でひとまとめにしてポリ袋に入れ、袋の上からめん棒で20×30cmくらい（厚さ1cm）にのばす。袋の口を下に折り込み、冷蔵庫で2時間以上ねかせる。

4. 冷蔵庫から出して丸めやすいかたさになるまでおき、ポリ袋を切り開く。短辺を5等分、長辺を9等分に切り、1つずつ丸め、クッキングシートを敷いた天板に並べる。

5. 170℃のオーブンで17分焼き、天板の向きを変えて17分焼く。しっかり焼き色がついたらケーキクーラーにのせて冷ます。完全に冷めたらクッキーの間を詰め、和三盆糖を茶こしでふりかける。

黒ごまのクッキー
Sesame cookies

バターの味わいとごまの香ばしさが広がるクッキー。黒ごまはいりたてか開封したてのものを使うと、おいしさに差が出ます。

■ 材料〔直径2.5cmのもの約50個分〕
薄力粉 ----- 110g
発酵バター(食塩不使用・室温にもどす) ----- 100g
溶き卵(室温にもどす) ----- 1/2個分(約25g)
きび糖 ----- 50g
塩 ----- ひとつまみ(約1g)
いり黒ごま ----- 10g

■ 準備
・黒ごまはフライパンでごく弱火でいり、冷ます。開封したての場合はそのまま使う。
・薄力粉、きび糖はそれぞれふるう。
・口径12mmの丸口金を絞り袋にセットする。

■ 生地をねかせる時間　なし
■ オーブンの予熱温度　160℃
■ 日もち
密閉容器に入れ、常温で7日間。おすすめは焼きたてから3日目まで。

point!
・黒ごまは粒のまま使うと味がストレートに出るため、できるだけ新鮮なものを使用。
・ハンドミキサーを回す方向と反対に、ときどきボウルを回転させると空気を含ませやすい。

1. バターをボウルに入れ、ゴムべらで底に押しつけるように混ぜる。きび糖と塩を加え、きび糖が溶けきらない程度に軽くすり混ぜる。

2. ハンドミキサーの中速で、やや白っぽくなるまで空気を含ませるようにしっかり混ぜる。溶き卵を加え、中速のまま写真のようにクリーム状になるまで混ぜる。

3. 薄力粉と黒ごまを入れ、ゴムべらで写真のように粉っぽさがなくなるまで混ぜる。

4. コップに絞り袋を立てて入れ、入れ口を外側に折り、3の生地を入れる。コップから取り出し、カードで口金のほうに生地を寄せながら空気を抜く。

5. 絞り袋の入れ口をねじり、クッキングペーパーを敷いた天板に間隔をあけて生地を丸く絞る。

6. 160℃のオーブンで15分焼き、天板の向きを変えて15分焼く。写真のように、裏に薄い焼き色がついたら焼き上がり。ケーキクーラーにのせて粗熱を取る。

抹茶のクッキー（つくり方 p.26）

シナモンのクッキー (つくり方 p.27)

抹茶のクッキー
matcha cookies

抹茶ならではの香りや苦みを生かすため、卵白だけを使う生地にしました。上等な抹茶を選ぶと、味と色がぐんとよくなります。

■ 材料〔直径2.5cmのもの約70個分〕
薄力粉 ----- 125g
バター（食塩不使用・室温にもどす）----- 140g
卵白（室温にもどす）----- 1個分（35g）
きび糖 ----- 60g
抹茶 ----- 10g

■ 準備
・薄力粉と抹茶を合わせてふるう。
・きび糖はふるう。
・口径12mmの丸口金を絞り袋にセットする。

■ 生地をねかせる時間　なし
■ オーブンの予熱温度　160℃
■ 日もち
密閉容器に入れ、常温で5日間。
抹茶は味が変わりやすいので、
おすすめは焼きたてから3日目まで。

point!
- 卵白を加えて混ぜると分離して少し水分が出るが、混ぜ続けるとクリーム状になる。

1. バターをボウルに入れ、ゴムべらで底に押しつけるように混ぜる。きび糖を加え、なじむ程度にすり混ぜる。ハンドミキサーに替え、「黒ごまのクッキー」(p.22)を参照し、中速で白っぽくなるまで混ぜる。
2. 卵白を加え、ハンドミキサーの中速のまま、クリーム状になるまで（写真a）混ぜる。
3. 薄力粉と抹茶を一度に加え、ゴムべらで粉っぽさがなくなるまで切るように混ぜる（写真b）。
4. 「黒ごまのクッキー」(p.22)と同様に、生地を絞り袋に詰め、クッキングシートを敷いた天板に丸く絞る。
5. 160℃のオーブンで15分焼き、天板の向きを変えて15分、クッキーの位置を入れ替えながら、裏に薄い焼き色がつくまで焼く。ケーキクーラーにのせて粗熱を取る。

a
b

シナモンのクッキー
Cinnamon cookies

スパイシーなシナモンの香りを卵白だけで生かしたクッキー。たっぷりの発酵バターでこくを出しました。

■ 材料〔直径3.5cmのもの約56個分〕
薄力粉 ----- 160g
発酵バター（食塩不使用・室温にもどす）----- 140g
卵白（室温にもどす）----- 1個分（約35g）
きび糖 ----- 56g
塩 ----- 少々（約0.5g）
シナモンパウダー ----- 7g

■ 準備
・薄力粉とシナモンパウダーを合わせてふるう。
・きび糖はふるう。
・口径12mmの星口金を絞り袋にセットする。

■ 生地をねかせる時間　なし
■ オーブンの予熱温度　160℃
■ 日もち
密閉容器に入れ、常温で7日間。
おすすめは焼きたてから3日目まで。

point!
・卵白を加えて混ぜると分離して少し水分が出るが、混ぜ続けるとクリーム状になる。

1. ボウルにバターを入れ、ゴムべらで底に押しつけるように混ぜる。きび糖と塩を加え、なじむ程度にすり混ぜる。「黒ごまのクッキー」(p.22)を参照して、ハンドミキサーの中速で白っぽくなるまで混ぜる。
2. 卵白を加え、中速のまま、クリーム状になるまで混ぜる。
3. 薄力粉、シナモンパウダーを一度に加え、ゴムべらで粉っぽさがなくなるまで切るように混ぜる（写真a）。
4. 「黒ごまのクッキー」(p.22)と同様に、生地を絞り袋に詰め、クッキングシートを敷いた天板に丸く絞る（写真b）。
5. 160℃のオーブンで15分焼き、天板の向きを変えて15分、クッキーの位置を入れ替えながら、裏に薄い焼き色がつくまで焼く。ケーキクーラーにのせて粗熱を取る。

a

b

レモンのクッキー
lemon cookies

南イタリアで出合ったレモン菓子を、レリーサ風にアレンジしました。暑い時季は少し冷やして食べるのもおすすめです。

● 材料〔約2.5cmのもの約80個分〕
クッキー生地
| 薄力粉 ----- 200g
| バター（食塩不使用・室温にもどす）----- 110g
| 溶き卵（冷蔵庫で冷やす）----- 1/2個分（約25g）
| きび糖 ----- 50g
| レモン果汁 ----- 大さじ1 1/3（約20g）
アイシング
| レモン果汁（冷蔵庫で冷やす）----- 小さじ2
| 粉糖 ----- 30g

● 準備
・クッキー生地の溶き卵とレモン果汁を合わせ、冷蔵庫で冷やす。
・薄力粉、きび糖はそれぞれふるう。
● 生地をねかせる時間　半日以上
● オーブンの予熱温度　150℃
● 日もち
密閉容器に入れ、常温で2日間。おすすめは焼きたて。

point!
● 水分の多い生地なので、溶き卵とレモン果汁を合わせてから冷やしておくとだれにくい。
● アイシングの粉糖を和三盆糖に替えると、上品な甘みになる。

1. クッキー生地をつくる。ボウルにバターを入れ、ゴムべらでクリーム状に練る。きび糖と薄力粉を加え、切るように混ぜて米粒大のポロポロした状態にする。

2. 溶き卵とレモン果汁を合わせて冷やしておいたものを、ゴムべらに伝わらせながら少しずつ回し入れる。練らずに、均一になるまで切るように混ぜる。

3. 指で簡単に底まで押せるほどになったらポリ袋に入れ、袋の上からめん棒で23×28cmくらい（厚さ3mm）にのばす。袋の口を下に折り込み、冷蔵庫で半日以上ねかせる。

4. 冷蔵庫から出し、少しおいて生地をゆるめる。ポリ袋を切り開き、短辺を8等分、長辺は10等分に切って、クッキングシートを敷いた天板に並べる。

5. 150℃のオーブンで18分焼き、天板の向きを変え、クッキーの位置を入れ替えて17分焼く。焼きが浅ければもう2〜3分焼く。ケーキクーラーにのせて粗熱を取る。

6. アイシングの材料をよく混ぜ、クッキーが完全に冷める前に刷毛で上面に塗る。

チョコレートサンドクッキー
Chocolate sandwiched cookies

バレンタインにプレゼントできる焼き菓子をつくりたいと考えました。アーモンドとビターチョコレートが名コンビで、男性や子どもにも大人気です。

■ 材料〔約5cmのもの約30個分〕

薄力粉 ----- 90g
バター(食塩不使用・室温にもどす) ----- 90g
溶き卵(室温にもどす) ----- 1/2個分(約25g)
きび糖 ----- 35g
塩 ----- 少々(約0.3g)
皮なしアーモンドパウダー ----- 10g
ビターチョコレート(カカオ分50〜60%) ----- 25g

■ 準備
・薄力粉はアーモンドパウダーと合わせてふるう。
・きび糖はふるう。
・口径8mmの丸口金を絞り袋にセットする。

■ 生地をねかせる時間　なし
■ オーブンの予熱温度　160℃
■ 日もち

密閉容器に入れ、常温で5日間。
おすすめは焼きたてから3日目まで。

point!
・チョコレートが半乾きの状態でサンドすると、チョコレートがはみ出さず、クッキーにつきやすい。

1. ボウルにバターを入れ、ゴムべらで練るように混ぜてクリーム状にする。きび糖と塩を加えて軽く混ぜ、ハンドミキサーの中速で白っぽくなるまで混ぜる。

2. 溶き卵を加え、中速のままクリーム状になるまで混ぜ、薄力粉とアーモンドパウダーを一度に加える。ゴムべらで、粉っぽさがなくなるまで切るように混ぜる。

3. コップに絞り袋を立てて入れ、入れ口を外側に折り、2の生地を入れる。コップから取り出し、カードで口金のほうに生地を寄せながら空気を抜く。

4. 絞り袋の入れ口をねじり、クッキングシートを敷いた天板に5cm長さに約60個絞り、160℃のオーブンで12分焼く。天板の向きを変え、クッキーの位置を入れ替えて12分焼き、ケーキクーラーにのせて冷ます。

5. チョコレートを細かく刻み、湯せんにかけて溶かし(p.7参照)、ポリ袋に入れる。袋の底の片方に寄せてねじり、絞り袋のように先をはさみで小さく切る。

6. クッキーが冷めたら2個を1組にし、片方の裏側に5を絞り、少しおく。チョコレートが半乾きになり、つやが落ち着いたら、もう片方のクッキーをのせてはさむ。

バーチ・ディ・ダーマ
Baci di dama

イタリア語で「貴婦人のキス」という意味のお菓子です。食べ応えのある大きなサイズなので、口を大きく開けて召し上がれ！

1. ボウルにバターを入れ、ゴムべらで練るように混ぜてクリーム状にする。きび糖を加えて、均一になるまでよくすり混ぜる。

2. 薄力粉とヘーゼルナッツパウダー、アーモンドパウダーを一度に加え、ゴムべらで混ぜる。ポロポロした状態になったら、カードでボウルの側面に押しつけるようにして混ぜる。

3. 生地をひとまとめにしてポリ袋に入れ、袋の上からめん棒で20×24cmくらい（厚さ1cm）にのばす。袋の口を下に折り込み、冷蔵庫で3時間以上ねかせる。

● 材料〔約3.5cmのもの約24個分〕
薄力粉 ----- 150g
バター（食塩不使用・室温にもどす）----- 100g
皮つきヘーゼルナッツパウダー ----- 25g
皮つきアーモンドパウダー ----- 15g
ビターチョコレート（カカオ分50～60%）----- 30g
きび糖 ----- 35g

● 準備
・薄力粉はヘーゼルナッツパウダー、アーモンドパウダーと合わせてふるう。
・きび糖はふるう。

● 生地をねかせる時間　3時間以上
● オーブンの予熱温度　170℃
● 日もち
密閉容器に入れ、常温で7日間。
おすすめは焼きたてから3日目まで。

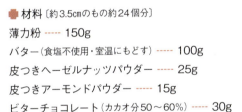

4. 冷蔵庫から出して丸めやすいかたさになったら、生地の短辺を6等分、長辺は8等分に切って丸める。クッキングシートを敷いた天板に並べて軽くつぶし（直径2cm）、170℃のオーブンで16分焼く。

5. 天板の向きを変えて16分焼き、焼きが浅ければもう2～3分焼く。ケーキクーラーにのせて冷ます。「チョコレートサンドクッキー」（p.30）と同様にチョコレートを刻んで溶かし、ポリ袋に入れる。

point!
● チョコレートが半乾きの状態でサンドすると、チョコレートがはみ出さず、クッキーにつきやすい。

6. クッキーが冷めたら2個を1組にし、片方の裏側に5のチョコレートを絞る。チョコレートのつやが落ち着いて半乾きになったら、もう片方のクッキーをのせてはさむ。

ビスコッティ
Biscotti

アーモンドの産地であるイタリア・トスカーナ地方のビスケット。かたいので「金槌(かなづち)」という別名もありますが、やわらかめの口当たりを目指しました。

■ 材料〔約6cmのもの約20個分〕

薄力粉 ----- 150g

バター（食塩不使用・室温にもどす）----- 25g

卵黄（室温にもどす）----- 1個分（約15g）

きび糖 ----- 20g

皮なしアーモンドパウダー ----- 40g

ローストアーモンド ----- 40g

メレンゲ

　卵白（冷凍庫で凍る直前まで冷やす）----- 1個分（約35g）

　きび糖 ----- 40g

■ 準備
- 薄力粉はアーモンドパウダーと合わせてふるう。
- きび糖はふるう。

■ 生地をねかせる時間　なし
■ オーブンの予熱温度　180℃
■ 日もち

密閉容器に入れ、常温で10日間。
おすすめは焼きたてから5日目まで。

point!

- バターの量が少ないので、きび糖と混ぜるときにハンドミキサーの羽根を1本はずす。
- メレンゲは、卵白にきび糖を一度に加えると泡立ちがわるくなるので、3回に分けて加える。

ローストアーモンド
塩などを添加していない製菓用を使用。ナッツ類は酸化しやすいので、余ったら密閉容器に入れて冷蔵庫で保存し、なるべく早く使いきる。

1.　ローストアーモンドは細かく刻んで、生地にまんべんなく入りやすいようにする。

2.　ボウルにバターときび糖を入れ、ハンドミキサー（羽根を1本はずす）の中速で白っぽくなるまで混ぜる。卵黄も加えて、均一になるまで混ぜる。

3.　メレンゲをつくる。別のボウルに卵白、きび糖小さじ1を入れ、ハンドミキサーの高速で泡立てる。泡が細かくなったら、残りのきび糖の半量を加えて混ぜ、さらに細かくなったら残りの全量を加え、角が立つまでしっかり泡立てる。

4.　まず3をゴムべらでひとすくいして2に加え、軽く混ぜる。残りも加え、今度は泡をつぶさないよう、切るように混ぜる。薄力粉、アーモンドパウダーと1を加えてゴムべらでよく混ぜ、まな板に取り出す。

5.　半分に切って、幅6cm、厚さ1.5〜2cmのかまぼこ形に整え、クッキングシートを敷いた天板にのせる。180℃のオーブンで12分焼き、天板の向きを変えて12分焼く。

6.　取り出してケーキクーラーにのせ、冷めたら端から厚さ0.8〜1cmに切り、切り口を上にして再び天板に並べ、170℃で15分焼き、天板の向きを変えて15分焼く。ケーキクーラーにのせて粗熱を取る。

生キャラメルサンド
クッキー
Caramel sanded cookies

塩味をきかせたソフトなクッキーに、しっかりこがしたキャラメルを厚めにサンド。さくっとした歯ごたえがポイントです。

■ 材料〔約3.5cmのもの約20個分〕

クッキー生地

| 薄力粉 ----- 125g
| 皮つきアーモンドパウダー ----- 25g
| バター（食塩不使用・室温にもどす）----- 62g
| 溶き卵（室温にもどす）----- ½個分（25g）
| きび糖 ----- 7g
| 塩 ----- ひとつまみ（約1g）

キャラメル

| きび糖 ----- 75g
| 水 ----- 大さじ2½
| 生クリーム（乳脂肪分35%・室温にもどす）----- 135g
| はちみつ ----- 25g

■ 準備
・薄力粉はアーモンドパウダーと合わせてふるう。
・きび糖はふるう。
・紙型のつくり方（p.9）を参照し、
　A4サイズ（21×29.7cm）のクッキングシート
　2枚を重ね、底が10×15cmの紙型をつくる。
　または同じ大きさの焼き型に、市販の敷紙か
　クッキングシートを型に合わせて切ったものを敷く。

■ 生地をねかせる時間　3時間以上
■ オーブンの予熱温度　170℃
■ 日もち
密閉容器に入れ、冷蔵庫の野菜室で5日間。
食べるときは室温にもどす。
おすすめは焼きたてから3日目まで。

point!

● はちみつはアカシアの花など、
　個性が強すぎないもののほうがおいしくできる。
● まずキャラメルをつくり、
　冷やし固める間にクッキー生地をつくる。

1. キャラメルをつくる。小鍋にきび糖と水を入れ、中火で熱する。こげ茶色になったら生クリームを一気に加え、耐熱のゴムべらでよく混ぜる。

2. 弱火にしてはちみつを加え、たえず混ぜながら、混ぜたときに底が見えるぐらい濃度がつくまで煮つめる。用意した紙型に平らに流し、粗熱が取れたら冷蔵庫に移して完全に冷やし固める。

3. クッキーをつくる。「バタークッキー」（p.12）を参照してバターを混ぜ、きび糖と塩を加え、均一に混ざったら溶き卵を加え、ゴムべらですり混ぜる。

4. 薄力粉、アーモンドパウダーを加えて混ぜ、カードで生地をまとめ、ポリ袋に入れてめん棒で18×20cmくらい（厚さ3mm）にのばす。袋の口を下に折り込み、冷蔵庫で3時間以上ねかせる。

5. 冷蔵庫から出してポリ袋を切り開き、短辺を5等分、長辺は8等分に切ってクッキングペーパーを敷いた天板に並べる。170℃のオーブンで15分焼き、天板の向きを変えて15分焼く。ケーキクーラーにのせて冷ます。

6. 2のキャラメルを取り出し、短辺を3等分、長辺を7等分に切り分け、5のクッキー2個ではさむ。余ったキャラメルは、生キャラメルとして食べるとよい。

ロシアンクッキー
Russian cookies

焼きたてはさくっとしたクッキー風、翌日以降はいちごの水分を含んでしっとりしたケーク風。2つの食感を楽しめます。

■ 材料〔直径5.5cmのセルクル12個分〕

クッキー生地
| 薄力粉 ----- 100g
| 皮なしアーモンドパウダー ----- 20g
| バター（食塩不使用・室温にもどす）----- 100g
| 溶き卵（室温にもどす）----- 1個分（約50g）
| きび糖 ----- 55g

いちごジャム〔つくりやすい分量〕
| いちご ----- 1パック
| きび糖 ----- いちごの重量の20%

■ 準備
・薄力粉はアーモンドパウダーと合わせてふるう。
・きび糖はふるう。
・直径5.5cmのセルクルを12個用意し、
　クッキングシートを敷いた天板に並べる。
・口径8mmの丸口金を絞り袋にセットする。

■ 生地をねかせる時間　なし
■ オーブンの予熱温度　170℃
■ 日もち
密閉容器に入れ、常温で3日間。
おすすめは焼きたてから3日目まで。

point!

- セルクルを使わずに焼くと生地が流れてしまい、
  丸くならないので注意。
- ジャムは糖分20%と甘さ控えめだが、
  焼くと煮つまる。残った分は密閉容器に入れ、
  冷蔵庫で1週間保存できる。

セルクル
底のない枠だけの型。なければ、高さ3cm程度のかためのアルミケースで代用できる。もろいクッキーなので、保存するときはセルクルをつけたままにする。

1. いちごジャムをつくる。いちごはへたを取り、大きければ縦半分に切る。鍋に入れ、分量のきび糖をまぶして、水分が出てくるまでおく。

2. 強火にかけ、煮立ったら弱火にし、あくを取りながら煮る。写真のように、いちごに火が通り、汁がひたひたになるぐらいまで煮つめたら、そのまま冷ます。

3. クッキー生地をつくる。バターをゴムべらで混ぜてきび糖を加え、ハンドミキサーの中速で空気を含ませるようにしっかり混ぜる。白っぽくなったら溶き卵を加え、クリーム状になるまで混ぜる。

4. 薄力粉、アーモンドパウダーを加え、ゴムべらで粉っぽさがなくなるまで混ぜ、「黒ごまのクッキー」(p.22)を参照して絞り袋に詰める。用意したセルクルの高さの半分まで、底一面に生地を絞り入れる。

5. 中央にいちごジャムを大さじ1程度入れる。

6. ジャムのまわりにクッキー生地を絞り、170℃のオーブンで20分焼く。天板の向きを変えて20分、焼き色がつくまで焼く。粗熱が取れたら、セルクルをはずして冷ます。

黒こしょうのクッキー
Black pepper cookies

辛党の友人からのリクエストでつくった塩味のクッキー。変化球ですが、はちみつを少しのせて食べるのもおいしいです。

🟥 **材料**〔3.8cmのもの約110個分〕
薄力粉 ----- 220g
発酵バター（食塩不使用・室温にもどす）----- 110g
溶き卵（冷蔵庫で冷やす）----- 1個分（約50g）
きび糖 ----- 8g
塩 ----- 2g
黒こしょう（粒）または
　あらびき黒こしょう ----- 2g

🟥 **準備**
・薄力粉、きび糖はそれぞれふるう。
・黒こしょう（粒）を使う場合は、使う直前に粗めにひく。

🟥 **生地をねかせる時間** 3時間以上
🟥 **オーブンの予熱温度** 160℃
🟥 **日もち**
密閉容器に入れ、常温で7日間。
おすすめは焼きたてから3日目まで。

point!
- 黒こしょう（粒）の場合は、農薬や化学肥料不使用のものだと香りに力があるのでおすすめ。
  あらびき黒こしょうの場合は、
  なるべく開封したてがよい。

1. ボウルにバターと溶き卵以外の材料を入れ、あれば小さい泡立て器でよく混ぜる。なければゴムべらでもよい。

2. 別のボウルにバターを入れ、ゴムべらで混ぜてクリーム状にし、1を加えて切るように混ぜる。米粒ぐらいの小さなかたまりができればよい。

3. 溶き卵をゴムべらに伝わらせながら少しずつ回し入れ、切るように混ぜる。生地がひとかたまりになったらポリ袋に入れる。

4. 袋の上からめん棒で23×28cmくらい（厚さ3mm）にのばす。袋の口を下に折り込み、冷蔵庫で3時間以上ねかせる。

5. 冷蔵庫から出し、波形パイカッターで短辺を6等分、長辺は端から1.5cm幅に切り、クッキングシートを敷いた天板に並べる。

6. 160℃のオーブンで20分焼き、天板の向きを変えて20分焼く。焼きが浅ければもう2〜3分焼き、ケーキクーラーにのせて粗熱を取る。

じゃがいものクッキー
mashed potato cookies

パリッとして塩味のきいた、スナック感覚のクッキー。水分の少ないじゃがいもを使い、厚さ2mmにのばすのがポイントです。

■ 材料〔約4.5cmのもの約70個分〕

薄力粉 ----- 110g

バター（食塩不使用・室温にもどす）----- 50g

じゃがいも ----- 50g
＊1個をまるごと加熱し、50gを取り分ける。
　残りはサラダなどに使える。

きび糖 ----- 3g

塩 ----- 3g

■ 準備
・きび糖はふるう
・薄力粉はふるい、きび糖、塩と合わせておく。

■ 生地をねかせる時間　2～3時間
■ オーブンの予熱温度　170℃
■ 日もち
密閉容器に入れ、常温で3日間。
おすすめは焼きたてから翌日まで。

point!
● 生地は焼くと縮むので、
　下まで完全に切れていれば、
　焼くときに間隔をあけなくてもよい。

1. じゃがいもは皮つきのまま洗ってラップで包み、電子レンジ（500W）で約5分加熱する。竹串がすっと入るようになればよい。

2. じゃがいもが熱いうちに皮をむいて50gを取り分けてボウルに入れ、めん棒などで粗くつぶす。冷めたらふるった粉類を加え、手をこすり合わせて、さらさらした状態になるまで混ぜ合わせる。

3. バターを加え、ゴムべらで軽く混ぜ合わせる。さらに指先でつまむようにして粉と合わせ、ポロポロした状態にする。

4. バターと粉が均一に混ざったらひとまとめにしてポリ袋に入れ、袋の上からめん棒で23×34cmくらい（厚さ2mm）にのばす。袋の口を下に折り込み、冷蔵庫で2～3時間ねかせる。

5. 冷蔵庫から出してポリ袋を切り開き、ポリ袋にのせたまま長辺の両端を切りそろえ、短辺は5等分、長辺は7等分に切る。さらにそれぞれの対角線を切り、三角形にして、クッキングシートをかぶせて密着させる。

6. クッキングシートごと天板にひっくり返し、ポリ袋をはがす。170℃のオーブンで16分焼き、天板の向きを変えて16分焼く。焼きが浅ければもう2～3分焼き、ケーキクーラーにのせて粗熱を取る。

チーズのクッキー（つくり方 p.46）

スパイスクッキー（つくり方 p.47）

チーズのクッキー
Cheese cookies

パンチのきいた塩味と、ほのかな甘みがおいしいイタリアのチーズ。パルミジャーノは使う直前にたっぷりすりおろして！

■ 材料〔約3cmのもの約40個分〕

薄力粉 ----- 200g

バター（食塩不使用・室温にもどす）----- 100g

溶き卵（冷蔵庫で冷やす）----- 1個分（約50g）

きび糖 ----- 6g

塩 ----- 2g

パルミジャーノ・レッジャーノ（かたまり）----- 50g

■ 準備
・薄力粉、きび糖はそれぞれふるう。

■ 生地をねかせる時間　3時間以上

■ オーブンの予熱温度　160℃

■ 日もち
密閉容器に入れ、常温で7日間。
おすすめは焼きたてから3日目まで。

point!

- 溶き卵を混ぜるときは、少しずつ加えると均一に混ざり、きれいに焼ける。
- パルミジャーノは、かたまりを使う直前にすりおろすと香りよく焼き上がる。粉チーズの場合は添加物の入っていないものを選ぶ。

1. パルミジャーノ・レッジャーノは使う直前におろす（写真a）。
2. ボウルに薄力粉ときび糖、塩、1を入れ、よく混ぜる。
3. 別のボウルにバターを入れ、ゴムべらで混ぜてクリーム状にし、2を加えて切るように混ぜる。
4. 全体が米粒のようになったら溶き卵を回し入れ、切るように混ぜる。ひとまとめにしてポリ袋に入れ、袋の上からめん棒で20×21cmくらい（厚さ4mm）にのばす。袋の口を下に折り込み、冷蔵庫で3時間以上ねかせる。
5. 冷蔵庫から出してポリ袋を切り開き、短辺は6等分、長辺は端から2.5～3cm幅に切る。クッキングシートを敷いた天板に並べる。
6. 160℃のオーブンで20分焼く。天板の向きを変え、クッキーの位置を入れ替えてさらに20分焼く。焼きが浅ければもう2～3分焼き、ケーキクーラーにのせて粗熱を取る。

a

スパイスクッキー
Spice cookies

クリスマスには欠かせない、爽やかなジンジャー風味の型抜きクッキー。お好みでスパイスの配合をアレンジしてみてください。

■ 材料〔26×38.5cmの天板1.5枚分〕
薄力粉 ----- 165g
発酵バター(食塩不使用・室温にもどす) ----- 90g
溶き卵(室温にもどす) ----- ½個分(約25g)
きび糖 ----- 56g
塩 ----- 少々(約0.5g)
シナモン(パウダー) ----- 7g
ジンジャー(パウダー) ----- 3g
ナツメグ(パウダー)、ココアパウダー
　　----- あれば各少々(約0.5g)

■ 準備
・薄力粉、スパイス3種、
　ココアパウダーを合わせてふるう。
・きび糖はふるう。

■ 生地をねかせる時間　3時間以上
■ オーブンの予熱温度　160℃
■ 日もち
密閉容器に入れ、常温で7日間。
おすすめは焼きたてから3日目まで。

point!
- スパイスは少量を量りにくければ多めに量ってミックススパイスにし、密閉容器に保存しておくと便利。紅茶などに入れても。

1. ボウルにバターを入れ、ゴムべらでクリーム状になるまで混ぜる。きび糖と塩を加えて、全体になじむまでよくすり混ぜる。
2. 溶き卵を加えて、空気が入らないように気をつけながら均一に混ぜる。
3. 合わせた粉類を一度に加え、粉っぽさがなくなり、均一になるまでゴムべらで切るように混ぜる。
4. 生地をひとまとめにしてポリ袋に入れ、袋の上からめん棒で23×30cmくらい(厚さ3mm)にのばす。袋の口を下に折り込み、冷蔵庫で3時間以上ねかせる。
5. 冷蔵庫から出してポリ袋を切り開き、好みの型で抜いて(写真a)、クッキングシートを敷いた天板に並べる。抜いたあとの生地はひとまとめにし、平らにのばして同様に抜く。
6. 160℃のオーブンで15分焼く。天板の向きを変え、クッキーの位置を入れ替えて15～20分焼く。焼きが浅ければもう2～3分焼き、ケーキクーラーにのせて粗熱を取る。

a

スパイス3種＆ココアパウダー
左上から時計回りにナツメグ、ジンジャー、シナモン、ココアパウダー。クローブを加えるなど、好みで組み合わせや量を変えてみて。

アイスボックスクッキー
Icebox cookies

ココアと抹茶、2種類をきれいな渦巻き模様にするには、生地をのばすときに厚みと大きさをそろえるのがポイント。

🔲 **材料**〔直径4.5cmのもの抹茶、ココア各約35個分〕

プレーン生地
| 薄力粉 ----- 210g
| 発酵バター(食塩不使用・室温にもどす) ----- 100g
| 溶き卵(室温にもどす) ----- ½個分(約25g)
| きび糖 ----- 70g
| 塩 ----- 1.5g

抹茶生地またはココア生地
| 薄力粉 ----- 100g
| バター(食塩不使用・室温にもどす) ----- 50g
| 溶き卵(室温にもどす) ----- ¼個分(約12g)
| 抹茶またはココアパウダー ----- 各12g
| きび糖 ----- 40g

🔲 **準備**
・プレーン生地は薄力粉をふるう。
 抹茶生地は薄力粉と抹茶、ココア生地は
 薄力粉とココアパウダーを合わせてふるう。
・きび糖はそれぞれふるう。

🔲 **生地をねかせる時間**
それぞれの生地を2〜3時間ずつ、成形してから半日以上

🔲 **オーブンの予熱温度** 160℃

🔲 **日もち**
密閉容器に入れ、常温で7日間。
おすすめは焼きたてから3日目まで。

point!
・プレーン生地の材料を半量にして、
 抹茶生地かココア生地のどちらか1種類だけ
 つくってもOK。

1. 「バタークッキー」(p.12)を参照し、プレーン・抹茶・ココアとも、バター、きび糖、塩(プレーン生地のみ)、溶き卵、粉類の順に混ぜ、3種の生地をつくる。プレーン生地は半量ずつに分ける。

2. それぞれの生地をポリ袋に入れ、袋の上からめん棒で20×30cmくらい(厚さ3mm)にのばす。袋の口を下に折り込み、冷蔵庫で2〜3時間ねかせる。

3. プレーン生地1枚とココア生地を冷蔵庫から出し、ポリ袋を切り開く。プレーン生地にココア生地を5mm前方にずらして重ね、ポリ袋をかぶせてめん棒をころがし、密着させる。

4. ポリ袋をはずし、生地がずれないように手前から向こうにきつめに巻いていく。巻き始めにプレーン生地の端を中に折り込むようにすると、きれいな渦巻きになる。

5. 敷いていたポリ袋をかぶせ、カードを使って巻きをしめながら包み、冷蔵庫で半日以上ねかせる。抹茶生地も同様にプレーン生地と重ねて成形する。

6. 冷蔵庫から出して少しおき、3〜4mm厚さに切ってクッキングシートを敷いた天板に並べる。160℃に予熱したオーブンで15分焼き、天板の向きを変えて15分焼き、ケーキクーラーにのせて粗熱を取る。

乾パン
Ship's biscuits

手軽な乾燥天然酵母を使って、日もちのする乾パンをつくりました。溶かした黒糖をからめれば、あと引くおいしさのかりんとうに。

材料〔26×38.5cmの天板1枚分〕

パン生地
- 薄力粉 ----- 50g
- 強力粉 ----- 50g
- バター（食塩不使用・電子レンジ弱〔200W〕で50秒加熱して溶かす）----- 5g
- きび糖 ----- 1g
- 塩 ----- ひとつまみ（約1g）
- 乾燥天然酵母 ----- 2g
- 水 ----- 50g
- 打ち粉（強力粉）----- 適量

黒糖ごろも
- 黒糖（粉末）----- 50g
- 水 ----- 大さじ2

準備
- 薄力粉と強力粉を合わせてふるう。
- きび糖はふるう。
- パン生地の水を20℃に温め、きび糖と酵母を入れて混ぜる。
- 23×34cmのポリ袋1枚を切って広げておく。

生地をねかせる時間
一次発酵15分、成形後20分、仕上げ発酵20分

オーブンの予熱温度　180℃

日もち
密閉容器に入れ、常温でプレーンは2週間、黒糖は3～4日間。

point!
- 酵母の働きを弱めるので、塩は酵母と直接触れないよう粉の端のほうに入れる。
- 180℃で8分焼いたあと、焼き色にむらがあるようなら、天板の向きを変える。

1. ボウルに薄力粉、強力粉と塩を入れ、中央にくぼみをつくり、酵母ときび糖を混ぜた水を注ぎ、バターを入れ、ゴムべらでざっと混ぜる。さらに、ひとまとまりになるまで手で混ぜる。

2. ラップで包み、室温（20℃ぐらい）に約15分おいて生地を休ませる。少しふくらむので、ラップは余裕をもたせて包む。

3. 切り広げたポリ袋に打ち粉をふり、生地をのせて上からも打ち粉をふる。ポリ袋ではさみ、めん棒で17×25cmくらいにのばす。ポリ袋を開いて三つ折りにする。

4. それを再びポリ袋にはさみ、三つ折りにした生地の向きを変えずに、めん棒で厚さ3mm程度にのばす。冷蔵庫で20分休ませる。

5. 冷蔵庫から出して長辺を幅5mmに切り分け、クッキングシートを敷いた天板に並べて室温で20分休ませる。180℃のオーブンで8分、160℃で15～20分焼く。ケーキクーラーにのせて粗熱を取り、半量を3等分に折る。

6. 黒糖ごろもをつくる。フライパンに黒糖と水を入れて煮つめ、3等分に折った乾パンを入れる。混ぜながらからめ、クッキングシートに広げて冷ます。

素材の力で焼き上げる
ナチュラルなケーク

レリーサのケークは、ベーキングパウダーなどの膨張剤を加えず、
バターと卵の力を使ってふくらませます。
ケークとは、パウンドケーキ型で焼くバターケーキのこと。
何も加えなくてもふんわりしたケークをつくれますが、
そのためには、生地の泡立て方と混ぜ方にコツがあります。

生地の泡立ては卵を数回に分けて加え、そのつどハンドミキサーで
しっかりと泡立ててください。
粉っぽさがなくなってから、さらにつやが出るまで混ぜましょう。
たくさん空気を含ませることでケークのきめが細かくなり、
ほろっとした食感になります。

オーブンの中で生地がぐんぐんとふくらむ様子を眺めるのは、
ワクワクするとびきり幸せな時間です。
何度もつくるほど上達するので、たくさんケークを焼いてください。

発酵バターのケーク
Butter cakes

4つの素材でつくる基本のケーク。ふっくらした焼き上がりを目指しましょう。砂糖やバターの種類を変えて好みの味を見つけて。

1. ボウルにバターときび糖を入れ、ゴムべらですり混ぜる。

2. これが混ぜ終わったところ。<u>少々ざらつきが残っていても</u>、きび糖が均一に混ざればよい。

3. ハンドミキサーの中速で、クリーム状になるまで3〜4分泡立てる。途中でゴムべらを使い、<u>生地を中央に集めると泡立て</u>やすい。

4. 空気を含んで白っぽくなりふっくらしたら、溶き卵を4回に分けて加え、そのつどハンドミキサーの中速で2分〜2分30秒しっかり泡立てる。

5. 泡立て終わり。写真のようにかさとつやが増し、なめらかなクリーム状になる。

● 材料〔15×7×6cmのパウンド型2個分〕
薄力粉 ----- 120g
発酵バター(食塩不使用・室温にもどす) ----- 120g
溶き卵(室温にもどす) ----- 2個分(約100g)
きび糖 ----- 100g

● 準備
・薄力粉、きび糖はそれぞれふるう。
・型に市販の敷紙か、クッキングシートを
　型の大きさに合わせて切ったものを敷く。
● オーブンの予熱温度　170℃
● 日もち
1個ずつラップで包み、密閉容器に入れ、常温で3日間。

point!
・ベーキングパウダーを使わずに
　ふくらませるので、
　<u>バターも卵もしっかり泡立てて空気を含ませる。</u>

6. 薄力粉を一度に加え、ゴムべらで<u>切るように混ぜる</u>。粉っぽさがなくなってから、さらに50〜60回混ぜるのが目安。

→p.56につづく

発酵バターのケーキ
Butter cakes

7. 混ぜ終わったところ。粉が均一に入り、なめらかでつやのある生地になればよい。

8. 型に半量ずつ入れる。分量に差があると火の通り具合が違くなるので、重さを量って同量ずつ入れる。

9. 型を持ち上げては落とすのを3回くり返し、余分な空気を抜く。

10. きれいなふくらみにするため、写真のように中央をへこませるようにゴムべらで表面をならす。天板にのせ、170℃のオーブンで16分焼く。

11. 焼きむらがあれば型の向きを変え、160℃に下げて25〜30分焼く。型から盛り上がるほどふくらんだら、焼き上がり。型ごとケーキクーラーにのせて、粗熱が取れたら型から出す。

小さいパウンド型
アルスター ニューパウンド細型（大）150（タイガークラウン）で焼き、1個を6〜8等分に切るとちょうどよい大きさになる。「くるみと味噌のケーク」(p.70)や「チョコレートとヘーゼルナッツのケーク」(p.71)のように、濃厚な味のときは薄めに切るのがおすすめ。型は合羽橋の「おかしの森」やインターネットで手に入る。専用の敷紙はアルスター ニューパウンド細型用敷紙（大）150。

advice
コンベクションオーブンなど風あたりが強くふくらみにくい機種の場合は、アルミ箔をかぶせる（他のケーキの場合も同様に）。

しっかり混ぜると、こんなにきめ細かくなります！

レモンのケーク
Lemon cakes

お店でも人気のレモンのケークのアレンジバージョンです。レモンは丸ごと使うので、無農薬や国産のものを選んでください。

■ 材料〔15×7×6cmのパウンド型2個分〕
ケーク生地
  薄力粉 ----- 110g
  発酵バター（食塩不使用・室温にもどす）----- 105g
  溶き卵（室温にもどす）----- 2個分（約100g）
  きび糖 ----- 90g
  レモンのマーマレード（下記のもの）----- 50g
  サワークリーム（室温にもどす）----- 20g
レモンのマーマレード〔つくりやすい分量〕
  レモン（国産）----- 4個
  きび糖 ----- ［レモンの皮＋レモンの果肉＋皮と同重量の水］の重量の30％

■ 準備
・薄力粉、きび糖はそれぞれふるう。
・型に市販の敷紙か、クッキングシートを型の大きさに合わせて切ったものを敷く。

■ オーブンの予熱温度　170℃

■ 日もち
1個ずつラップで包み、密閉容器に入れ、常温で3日間。

point!
● マーマレードはサワークリームと合わせておき、すぐ生地に加えられるようにする。
● 残ったマーマレードは密閉容器に入れ、冷蔵庫で1週間保存できる。

1. マーマレードをつくる。レモンはわたを少しつけて皮をむき、2mm幅に切って重量を量り、水に2〜3時間つける。袋から果肉を取り出し、果肉の重さも量る。

2. 1の皮とかぶるぐらいの水を鍋に入れ、1〜2分煮立て、湯をきる。味見をして苦みがなくなるまでこれをくり返し、皮の水気をよくきって鍋に戻す。皮と同重量の水、果肉、きび糖を入れ、強火にかける。

3. 煮立ったら火を弱め、あくをすくいながら煮つめる。果肉が煮くずれ、煮始めたときの半分強ほどの量になったら火を止め、そのまま冷ます。

4. 3の粗熱が取れたらフードプロセッサーに入れ、写真のような状態になるまで攪拌する。50gを取り分け、サワークリームと合わせる。

5. ケーク生地をつくる。「発酵バターのケーク」(p.54)を参照し、粉を加えるところまで同様にし、粉っぽさがなくなってからゴムべらで30回ほど混ぜる。4を加え、さらに30回ほど混ぜる。

6. 型に入れて表面をならし、170℃のオーブンに入れて16分焼き、160℃に下げて25〜30分焼く。型ごとケーキクーラーにのせて、粗熱が取れたら型から出す。

バナナとくるみのケーク
Banana & Walnut cakes

バナナを煮つめて水分をとばすことで、ボリュームのあるケークもベーキングパウダーなしでふっくら焼き上げられます。

◆ 材料〔15×7×6cmのパウンド型2個分〕

ケーク生地
- 薄力粉 ----- 105g
- バター（食塩不使用・室温にもどす）----- 105g
- 溶き卵（室温にもどす）----- 2個分（約100g）
- きび糖 ----- 80g
- バナナのピュレ（下記のもの）----- 80g
- くるみ ----- 20g

バナナのピュレ〔つくりやすい分量〕
- バナナ（シュガースポットが出た完熟のもの）----- 2本
- きび糖 ----- 10g

◆ 準備
- 薄力粉、きび糖はそれぞれふるう。
- くるみは粗いみじん切りにする。
- 型に市販の敷紙か、クッキングシートを型の大きさに合わせて切ったものを敷く。

◆ オーブンの予熱温度　170℃

◆ 日もち
1個ずつラップで包み、密閉容器に入れ、常温で3日間。

point!
- バナナのピュレは水分が多いので、量が多いとケークがふくらまない。水分をとばすように煮つめ、分量どおり加える。
- 残ったバナナのピュレは密閉容器に入れ、冷蔵庫で1週間保存できる。

1. バナナのピュレをつくる。バナナは皮をむき、厚さ3mmの輪切りにする。フッ素樹脂加工のフライパンに入れて中火にかけ、つぶしながら水分をとばす。

2. きび糖を加え、さらに混ぜながら水分をとばし、写真のような状態になるまで煮つめる。ボウルなどに移して冷まし、80gを取り分ける。

3. ケーク生地をつくる。「発酵バターのケーク」（p.54）を参照し、バターときび糖をゴムべらですり混ぜる。ハンドミキサーの中速で、クリーム状になるまで3〜4分泡立てる。

4. 溶き卵を4回に分けて加え、ハンドミキサーの中速でバタークリームのようになるまで泡立てる。薄力粉とくるみを加えて、ゴムべらで混ぜる。

5. 粉っぽさがなくなってから30回混ぜ、2のバナナのピュレを加え、均一になるまでさらに30回ほど混ぜる。

6. 型に入れて表面をならし、170℃のオーブンに入れて16分焼く。160℃に下げて25〜30分焼き、型ごとケーキクーラーにのせて、粗熱が取れたら型から出す。

ブルーベリーのケーク
Blueberry cakes

ブルーベリーは火を入れるだけでも酸味が出ますが、より爽やかにしたければ、ジャムにレモン果汁を少し加えてください。

🔶 **材料**〔15×7×6cmのパウンド型2個分〕

ケーク生地
- 薄力粉 ----- 110g
- バター（食塩不使用・室温にもどす）----- 110g
- 溶き卵（室温にもどす）----- 2個分（約100g）
- きび糖 ----- 90g
- ブルーベリージャム（下記のもの）----- 60g
- サワークリーム ----- 20g

ブルーベリージャム〔つくりやすい分量〕
- ブルーベリー ----- 100g
- きび糖 ----- 25g

🔶 **準備**
- 薄力粉、きび糖はそれぞれふるう。
- 型に市販の敷紙か、クッキングシートを型の大きさに合わせて切ったものを敷く。

🔶 オーブンの予熱温度　170℃

🔶 **日もち**
1個ずつラップで包み、密閉容器に入れ、常温で3日間。

point!
- 残ったブルーベリージャムは密閉容器に入れ、冷蔵庫で1週間保存できる。ブルーベリーは生がおすすめだが、冷凍品でも可。
- ジャムをマーブル模様になるよう混ぜ込むと、味に変化が出て、断面もきれいになる。

1. ブルーベリージャムをつくる。ブルーベリーを鍋に入れてきび糖をまぶし、水分が出るまでおく。強火にかけ、あくを取りながらとろみがつくまで煮つめて冷まし、60gを取り分けておく。

2. ケーク生地をつくる。「発酵バターのケーク」(p.54)を参照し、ボウルにバターときび糖を入れ、ゴムべらですり混ぜる。均一に混ざったら、溶き卵を4回に分けて加え、ハンドミキサーの中速でクリーム状になるまでしっかり泡立てる。

3. 薄力粉を一度に加え、ゴムべらで混ぜる。粉っぽさがなくなってから、さらに30回ほどしっかり混ぜる。

4. 別のボウルにサワークリームを入れ、ゴムべらでなめらかに混ぜて3に加え、均一になるまで30回ほど混ぜる。1のブルーベリージャムを加え、底からすくい上げるようにさっくりと混ぜる。

5. ジャムがきれいなマーブル模様になったら、型に入れる。型を持ち上げては落とすのを3回くり返し、余分な空気を抜く。

6. 表面をならし、170℃のオーブンに入れて16分焼き、160℃に下げて25～30分焼く。型ごとケーキクーラーにのせて、粗熱が取れたら型から出す。

マーマレードのケーク
Orange marmalade cakes

柑橘類がおいしくなる冬、それぞれに異なる味わいを楽しめますが、ケークには香り豊かなオレンジや伊予柑が向いています。

🟠 **材料**〔15×7×6cmのパウンド型2個分〕

ケーク生地
- 薄力粉 ----- 105g
- バター（食塩不使用・室温にもどす）----- 105g
- 溶き卵（室温にもどす）----- 2個分（約100g）
- きび糖 ----- 80g
- 皮なしアーモンドパウダー ----- 15g
- オレンジのマーマレード（下記のもの）----- 72g
- グランマルニエ ----- 8g

オレンジのマーマレード〔つくりやすい分量〕
- ネーブルオレンジ（国産）または伊予柑 ----- 2個
- きび糖 ----- ［オレンジの皮＋オレンジの果肉＋皮と同重量の水］の重量の30％

🟠 **準備**
- 薄力粉はアーモンドパウダーと合わせてふるう。
- きび糖はふるう。
- 型に市販の敷紙か、クッキングシートを型の大きさに合わせて切ったものを敷く。
- 「レモンのケーク」(p.58)を参照してオレンジのマーマレードを作り、72gを取り分けてグランマルニエと混ぜる。

🟠 オーブンの予熱温度　170℃

🟠 **日もち**
1個ずつラップで包み、密閉容器に入れ、常温で4日間。

point!
- 残ったオレンジのマーマレードは密閉容器に入れ、冷蔵庫で1週間保存できる。

1. ケーク生地をつくる。「発酵バターのケーク」(p.54)を参照し、ボウルにバターときび糖を入れ、ゴムべらで混ぜる。少々ざらつきが残っていてもよい。

2. ハンドミキサーの中速で3〜4分、空気を含んで白っぽくなり、ふっくらするまでしっかり泡立てる。

3. 溶き卵を4回に分けて加え、そのつどハンドミキサーの中速で2分〜2分30秒しっかり泡立てる。薄力粉、アーモンドパウダーを一度に加え、ゴムべらで切るように混ぜる。

4. 粉っぽさがなくなってから30回混ぜ、マーマレードとグランマルニエを合わせたものを加え、均一になるまでさらに30回混ぜる。

5. 型に入れて表面をならし、170℃のオーブンに入れて16分焼き、160℃に下げて25〜30分焼く。型ごとケーキクーラーにのせて、粗熱が取れたら型から出す。

りんごのケーク
apple cakes

りんごをカラメル煮にした、タルトタタン風のフィリングです。シナモンなどのスパイスを足せば、クリスマスケーキにも。

■ 材料〔15×7×6cmのパウンド型2個分〕

ケーク生地
- 薄力粉 ----- 105g
- バター（食塩不使用・室温にもどす）----- 105g
- 溶き卵（室温にもどす）----- 2個分（約100g）
- きび糖 ----- 80g
- りんごのカラメル煮（下記のもの）----- 100g

りんごのカラメル煮〔つくりやすい分量〕
- りんご（紅玉）----- 小2個
- きび糖 ----- 50g
- 水 ----- 大さじ1

■ 準備
- 薄力粉とケーク生地のきび糖は、それぞれふるう。
- りんごは皮をむき、厚さ3mmほどのいちょう切りにする。
- 型に市販の敷紙か、クッキングシートを型の大きさに合わせて切ったものを敷く。

■ オーブンの予熱温度　170℃

■ 日もち
1個ずつラップで包み、密閉容器に入れ、常温で4日間。

point!
- りんごは酸味の強い紅玉が最適。なければジョナゴールドを使い、レモン果汁で酸味を加える。
- 残ったりんごのカラメル煮は密閉容器に入れ、冷蔵庫で1週間保存できる。

1. りんごのカラメル煮をつくる。フッ素樹脂加工のフライパンに、きび糖と水を入れて中火にかける。こげ色がつき、泡が細かくなって香ばしい香りが立ったら、りんごを入れる。

2. 耐熱のゴムべらで混ぜながら水分をとばし、写真のような状態になるまで煮つめる。ボウルなどに移して冷まし、100gを取り分ける。

3. ケーク生地をつくる。「発酵バターのケーク」(p.54)を参照し、粉を加えるところまで同様にし、粉っぽさがなくなってから30回混ぜる。2を加え、均一になるまでさらに30回ほどつやが出るまで混ぜる。

4. 型に入れて表面をならし、170℃のオーブンに入れて16分焼き、160℃に下げて25〜30分焼く。型ごとケーキクーラーにのせて、粗熱が取れたら型から出す。

栗のケーク
Chestnut cakes

少しどっしりした和菓子のようで、緑茶とも好相性。市販のマロンピュレを使えば簡単ですが、ぜひ旬の栗でつくってみて。

◆ 材料〔15×7×6cmのパウンド型2個分〕

ケーキ生地
- 薄力粉 ----- 85g
- 発酵バター（食塩不使用・室温にもどす）----- 100g
- 溶き卵（室温にもどす）----- 2個分（約100g）
- マロンペースト（下記のもの）----- 100g
- マロンパウダー ----- 10g
  *なければアーモンドパウダーを20gに増やす。
- 皮なしアーモンドパウダー ----- 10g
- きび糖 ----- 90g

マロンペースト〔つくりやすい分量〕
- 栗（鬼皮つき）----- 500g
- きび糖 ----- 50g

◆ 準備
・薄力粉はアーモンドパウダー、栗の粉と合わせてふるう。
・きび糖はふるう。
・型に市販の敷紙か、クッキングペーパーを型の大きさに合わせて切ったものを敷く。

◆ オーブンの予熱温度　170℃

◆ 日もち
1個ずつラップで包み、密閉容器に入れ、常温で4日間。

point!
- 残ったマロンペーストは密閉容器に入れ、冷蔵庫で1週間保存可能。ラップで包み、さらに冷凍用保存袋に入れて冷凍すれば1か月間保存できる。

マロンピュレ
栗のない時季でも、市販のピュレでマロンペーストがつくれる。砂糖や香料の入っていないものを選び、ピュレの重量の15％のきび糖を加える。製菓材料店やインターネットで購入可能。

1. マロンペーストをつくる。栗をゆでて鬼皮と渋皮をむき、鍋に入れ、きび糖とひたひたの水を加える。強火にかけ、あくをすくいながら煮る。

2. 煮立ったら火を弱め、混ぜながらつぶし、ペースト状にする。ここで水分をしっかりとばす。粗熱を取り、100gを取り分ける。マロンペーストは時間がかかるので、事前につくっておくとよい。

3. ケーキ生地をつくる。「発酵バターのケーキ」(p.54)を参照し、ボウルにバターときび糖を入れ、ハンドミキサーの中速でクリーム状になるまで3〜4分泡立てる。

4. 空気を含んで白っぽくなりふっくらしたら、溶き卵を4回に分けて加え、そのつどハンドミキサーの中速で2分〜2分30秒泡立てる。

5. ふるった粉類を一度に加え、ゴムべらで切るように混ぜる。粉っぽさがなくなってから30回混ぜ、2を加える。均一になるまで、さらに30回ほど混ぜて型に入れる。

6. 表面をならし、170℃に予熱したオーブンに入れて16分焼き、160℃に下げて25〜30分焼く。型ごとケーキクーラーにのせて、粗熱が取れたら型から出す。

くるみと味噌のケーク（つくり方 p.72）

チョコレートとヘーゼルナッツのケーク (つくり方 p.73)

くるみと味噌のケーク
Walnut & miso cakes

味噌の香りを楽しめる和風のケークをつくりました。こっくりした味わいなので、薄めにスライスして召し上がれ。

● 材料〔15×7×6cmのパウンド型2個分〕
薄力粉 ----- 105g
発酵バター（食塩不使用・室温にもどす）----- 105g
溶き卵（室温にもどす）----- 2個分（約100g）
きび糖 ----- 85g
プレーンヨーグルト ----- 25g
信州味噌 ----- 25g
くるみ ----- 30g

● 準備
・くるみはフードプロセッサーなどで粒が少し残る程度にひき、薄力粉と合わせてふるう。ストレーナーに残った粒も生地に混ぜる。
・きび糖はふるう。
・味噌とプレーンヨーグルトを混ぜ合わせる。
・型に市販の敷紙か、クッキングシートを型の大きさに合わせて切ったものを敷く。

● オーブンの予熱温度　170℃

● 日もち
1個ずつラップで包み、密閉容器に入れ、常温で4日間。

1. ボウルにバターときび糖を入れ、ゴムべらですり混ぜてから、ハンドミキサーの中速で3～4分、バタークリームのようになるまで泡立てる。
2. 溶き卵を4回に分けて加え、そのつどハンドミキサーの中速で2分～2分30秒しっかり泡立てる。味噌とヨーグルトを加えて、均一になるまで混ぜる(写真a)。
3. 薄力粉とくるみを一度に加え、ゴムべらで切るように混ぜる。粉っぽさがなくなってからさらに50～60回混ぜ、型に半量ずつ入れる。
4. 型を持ち上げて3回落とし、余分な空気を抜く。中央をへこませるようにして、ゴムべらで表面をならす。
5. 170℃のオーブンで16分焼き、160℃に下げて30～35分焼く。型ごとケーキクーラーにのせて、粗熱が取れたら型から出す。

a

チョコレートと
ヘーゼルナッツのケーク
Chocolate & Hazelnut cakes

ヘーゼルナッツとチョコレートを合わせたイタリアのお菓子「ジャンドゥーヤ」。その香ばしくて濃厚な味をイメージした、しっとりした食感のケークです。

■ 材料〔15×7×6cmのパウンド型2個分〕
薄力粉 ----- 100g
発酵バター(食塩不使用・室温にもどす) ----- 110g
溶き卵(室温にもどす) ----- 2個分(約100g)
きび糖 ----- 80g
塩 ----- ひとつまみ(約1g)
皮なしヘーゼルナッツパウダー ----- 20g
ビターチョコレート(カカオ分50〜60%) ----- 80g

■ 準備
・薄力粉とヘーゼルナッツパウダーを合わせてふるう。
・きび糖はふるう。
・型に市販の敷紙か、クッキングシートを型の大きさに合わせて切ったものを敷く

■ オーブンの予熱温度　170℃

■ 日もち
1個ずつラップで包み、密閉容器に入れ、常温で4日間。

1. チョコレートは刻み、湯せん(p.7参照)で溶かす。
2. ボウルにバターときび糖、塩を入れ、ゴムべらですり混ぜてから、ハンドミキサーの中速で3〜4分、バタークリームのようになるまで泡立てる。
3. 溶き卵を4回に分けて加え、そのつどハンドミキサーの中速で2分〜2分30秒しっかり泡立てる。1を加えて均一になるまで混ぜる(写真a)。
4. 薄力粉、ヘーゼルナッツパウダーを一度に加え、ゴムべらで切るように混ぜる。粉っぽさがなくなってからさらに50〜60回混ぜ、型に半量ずつ入れる。
5. 型を持ち上げて3回落とし、余分な空気を抜く。中央をへこませるようにして、ゴムべらで表面をならす。
6. 170℃のオーブンで16分焼き、160℃に下げて24〜30分焼く。型ごとケーキクーラーにのせて、粗熱が取れたら型から出す。

a

熟成フルーツのケーク
Fruitcakes

焼き上がったケークに芳醇(ほうじゅん)な香りのシロップをたっぷりしみ込ませ、日をおくごとに味わいが深くなる私の好きな焼き菓子です。

■ 材料〔15×7×6cmのパウンド型2個分〕

ケーキ生地
| 薄力粉 ----- 105g
| バター（食塩不使用・室温にもどす）----- 105g
| 溶き卵（室温にもどす）----- 2個分（約100g）
| きび糖 ----- 40g
| 黒糖（粉末）----- 40g
| シナモンパウダー ----- 2g
| くるみ ----- 15g
| ドライチェリーまたはドライクランベリー ----- 15g
| ラムレーズン
| | レーズン ----- 60g
| | ラム酒 ----- 大さじ1
| プルーンの赤ワイン煮（下記のもの）----- 60g

プルーンの赤ワイン煮〔つくりやすい分量〕
| ドライプルーン（種抜き）----- 200g
| 赤ワイン ----- 100g

シロップ〔つくりやすい分量〕
| きび糖 ----- 25g
| 水 ----- 40g
| ラム酒 ----- 15〜30g

● 準備
・ラムレーズンはレーズンをラム酒に3日以上漬ける。
・ドライチェリーまたはドライクランベリーは
　さっとゆでて、水気をきる。
・薄力粉はシナモンパウダーと合わせてふるう。
・ケーキ生地のきび糖は黒糖と合わせてふるう。
・型に市販の敷紙か、クッキングシートを
　型の大きさに合わせて切ったものを敷く。

● オーブンの予熱温度　170℃

● 日もち
冷蔵庫の野菜室で3日以上おき、味をなじませる。
おすすめは冷蔵で14日目まで。

point!
・残ったシロップは密閉容器に入れ、
　冷蔵庫で1週間保存できる。

1. プルーンの赤ワイン煮をつくる。鍋に材料を入れ、汁気がほぼなくなるまで煮て火を止め、ふたをしてそのまま冷ます。粗熱が取れたらフードプロセッサーにかけ、ペースト状にして60gを取り分ける。時間がかかるので、事前につくっておくとよい。

2. ケーキ生地をつくる。ボウルに細かく刻んだくるみとドライチェリー（ドライクランベリー）、ラムレーズンはラム酒ごと入れ、プルーンの赤ワイン煮も加え、よく混ぜ合わせる。

3. 別のボウルに、残りの生地の材料で「発酵バターのケーキ」（p.54）を参照し、粉類を加えるところまで同様にする。粉っぽさがなくなってから30回混ぜ、2を加え、さらに30回ほど混ぜる。

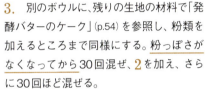

4. 型に入れて表面をならし、170℃のオーブンに入れて16分焼き、160℃に下げて26〜32分焼く。型ごとケーキクーラーにのせて、粗熱が取れたら型から出す。

5. シロップのきび糖と水を鍋に入れて中火にかけ、とろみがつくまで煮つめてラム酒を加える（量は好みで加減して）。ケーキが温かいうちに、刷毛を使って表面にシロップの半量をしみ込ませる。

6. 敷紙をはずし、底にもしっかりシロップをしみ込ませ、ラップで包む。さらにアルミ箔で包んで、冷蔵庫の野菜室で3日以上おき、味をなじませる。

スフレチーズケーキ
Souffle cheesecakes

クリームチーズなど乳製品たっぷりだけど食べ飽きない、ほんのり塩味がきいた口当たりの軽いスフレタイプです。

■ 材料〔15×7×6cmのパウンド型2個分〕
強力粉 ----- 15g
カスタードクリーム
　卵黄 ----- 4個分（約60g）
　きび糖 ----- 15g
　強力粉 ----- 5g
　牛乳（36℃程度に温める） ----- 150g
クリームチーズ（室温にもどす） ----- 140g
サワークリーム（室温にもどす） ----- 100g
塩 ----- ひとつまみ（約1g）
メレンゲ
　卵白（冷凍室で凍る直前まで冷やす） ----- 1個分（35g）
　きび糖 ----- 35g

■ 準備
・強力粉はまとめてふるい、5gと15gに分ける。
・きび糖はまとめてふるい、15gと35gに分ける。
・型に市販の敷紙か、クッキングシートを型の大きさに合わせて切ったものを敷く。

■ オーブンの予熱温度　160℃

■ 日もち
1個ずつラップで包み、密閉容器に入れ、冷蔵庫の野菜室で3日間。2～3日目に味がなじむ。

point!
● 型をペーパータオルとアルミ箔で覆うのは、継ぎ目から湯せんの水が入るのを防ぐため。継ぎ目のない型の場合は不要。

1. カスタードクリームをつくる。ボウルに卵黄ときび糖、強力粉を入れ、均一になるまで泡立て器で混ぜる。温めた牛乳を少しずつ加えながらよく混ぜてこし、鍋に入れる。

2. 1を弱火にかけ、耐熱のゴムべらで底からよく混ぜる。とろみがついたら（写真）火からおろし、粗熱を取る。ボウルにクリームチーズとサワークリームを入れて混ぜ、カスタードクリームと塩を加え、ゴムべらでなめらかになるまで混ぜる。

3. メレンゲをつくる。別のボウルに卵白ときび糖小さじ1を入れ、ハンドミキサーの中速で泡立てる。泡が細かくなったらきび糖の半量を加え、さらに細かくなったらきび糖をすべて加え、角が立つまで泡立てる。

4. まず2に強力粉15gと3をひとすくい入れ、なじむように混ぜる。3の残りを加え、今度は泡をつぶさないように混ぜ、型に半量ずつ入れる。型を軽くゆすって表面をならし、型をペーパータオルとアルミ箔で二重に包む。

5. バットに型を並べ、80℃ほどの湯を型の高さの半分まで注ぎ、160℃のオーブンで約70分蒸し焼きにする。湯が減ったら途中で湯を足す。

6. 型の上までしっかりふくらめば焼き上がり。型ごとケーキクーラーにのせて、完全に冷めたら型からそっと出して冷蔵庫で冷やす。

しっとりブラウニー
Chocolate brownie

しっとりと焼き上げた大人っぽい仕上がりのブラウニーです。お酒に弱い人はラム酒につけず、湯通しだけしたレーズンでつくってみてください。

◉ 材料〔13cm×19cmの型1個分〕

薄力粉 ----- 40g

バター（食塩不使用）----- 40g

溶き卵 ----- 1個分（約50g）

きび糖 ----- 35g

ビターチョコレート（カカオ分50～60%）----- 100g

水 ----- 30g

ラムレーズン
| レーズン ----- 50g
| ラム酒 ----- 大さじ1

◉ 準備

・レーズンは刻み、ラム酒に漬けて一晩以上おき、
　ラム酒ごとフードプロセッサーにかけて
　粗いペースト状にする。
・薄力粉、きび糖はそれぞれふるう。
・紙型のつくり方（p.9）を参照し、
　底が13×19cmの紙型を2個作って重ねる。
　2個重なった紙型の長辺の間に堅い厚紙をはさみ、
　紙型が横に広がるのを防ぐ。
　または同じ大きさの焼き型に、市販の敷紙か
　クッキングペーパーを型に合わせて切ったものを敷く。

◉ オーブンの予熱温度　160℃

◉ 日もち

ラップで包み、密閉容器に入れ、冷蔵庫の野菜室で
5日間。冷たいほうが切り分けやすいが、
食べるときは常温にもどしたほうがしっとりする。

point!

・焼き上がりは竹串を刺してみて、生の生地が
　ついてこなければOK。しっとり仕上げたいので、
　火を通しすぎないように注意。
・やわらかいので、焼き上がったら
　天板にのせたまま粗熱を取る。

1. ボウルに刻んだチョコレートとバター、水を入れて湯せん（p.7参照）にかける。耐熱のゴムべらで混ぜながら溶かし、ラムレーズンと合わせて混ぜる。

2. 別のボウルに溶き卵を入れ、湯せんで温める。指を入れ、温かく感じたらきび糖を入れる。

3. 2をハンドミキサーの中速で約3分、すくって落とすとリボン状になるまで泡立てる。ハンドミキサーの羽根を1つはずし、手に持って全体を軽く混ぜる。

4. 3に1を一度に加え、ゴムべらでさっくりと混ぜる。

5. 薄力粉を一度に加え、ゴムべらで底からすくい上げるようにして粉っぽさがなくなるまで混ぜる。用意した紙型に入れ、ゴムべらで表面をならす。

6. 型を天板にそっとのせ、160℃のオーブンで16～18分焼く。中央に竹串を刺してみて、生の生地がつかなければ焼き上がり。生の生地がついてきたら、2～3分様子を見ながら焼く。型を天板にのせたまま粗熱を取り、ケーキクーラーに移して冷ます。

かすてら
Castella

もっちり、しっとりな生地を目指して試行錯誤したレシピ。強力粉とたっぷりの糖分、しっかりと泡立てた卵がポイントです。

■ 材料〔15×15cmの型1個分〕
強力粉 ----- 75g
卵黄（室温にもどす）----- 3個分（約45g）
きび糖 ----- 40g
はちみつ ----- 18g
お湯 ----- 20g
メレンゲ
　卵白（冷凍庫で凍る直前まで冷やす）----- 3個分（約105g）
　きび糖 ----- 50g

■ 準備
・強力粉、きび糖はそれぞれふるう。
・型に市販の敷紙か、クッキングシートを型の大きさに合わせて切ったものを敷く。

■ オーブンの予熱温度　180℃

■ 日もち
ラップで包み、密閉容器に入れ、常温で5日間。つくった翌日以降のほうが味がなじむ。

point!
・メレンゲはしっかり角が立ち、つやが出てくるまで泡立てる。

1. 生地をつくる。ボウルに卵黄ときび糖を入れ、ハンドミキサーの中速で白っぽくなるまで混ぜる。はちみつを溶かしたお湯を加え、全体がなじむようにゴムべらで混ぜる。

2. メレンゲをつくる。別のボウルに、卵白と分量のきび糖から小さじ1を加え、ハンドミキサーの高速で泡立てる。泡が細かくなったら残りのきび糖を2回に分けて加え、しっかり泡立てる。

3. 1を2のボウルに入れ、ハンドミキサーの中速で、かさが増しクリーム状になるまで泡立てる。

4. 強力粉を一度に加え、ゴムべらで底からすくい上げるようにしてさっくりと混ぜる。さらに泡立て器で、粉っぽさがなくなるまでしっかり混ぜる。

5. 空気を含ませるように、少し高い位置から型に流し入れる。型を持ち上げては落とすのを3回くり返し、空気を抜く。カードで表面の泡を消しながら、平らにならす。

6. 180℃のオーブンで10分焼き、160℃に下げて40〜45分、焼き色がつくまで焼く。取り出して、少し高い位置から落として空気を抜く。型ごとケーキクーラーにのせて、粗熱が取れたら型から出す。

シフォンケーキ
プレーン×抹茶
Chiffon cake Plain & Matcha

植物油ではなくバターでこくを出した、ふわふわの生地が自慢。生クリームを添えなくても、そのままでおいしいケーキです。

🔴 材料〔直径17cmのシフォン型各1個分〕

プレーン生地
- 薄力粉 ----- 70g
- 発酵バター(食塩不使用) ----- 30g
- 水(40〜50℃に温める) ----- 45g
- 卵黄(室温にもどす) 3個分(約45g)
- きび糖 ----- 25g
- メレンゲ
  - 卵白(冷凍庫で凍る直前まで冷やす) ----- 3個分(約105g)
  - きび糖 ----- 50g
  - レモン果汁 ----- 少々

抹茶生地
- 薄力粉 ----- 63g
- 抹茶 ----- 7g
- 発酵バター(食塩不使用) ----- 30g
- 水(40〜50℃に温める) ----- 45g
- 卵黄(室温にもどす) ----- 3個分(約45g)
- きび糖 ----- 30g
- メレンゲ
  - 卵白(冷凍庫で凍る直前まで冷やす) ----- 3個分(約105g)
  - きび糖 ----- 50g
  - レモン果汁 ----- 少々

🔴 準備
- プレーン生地は薄力粉、きび糖をそれぞれふるう。
- 抹茶生地は薄力粉と抹茶を合わせてふるい、きび糖はふるう。

🔴 オーブンの予熱温度　170℃

🔴 日もち
やわらかいので皿などにのせ、皿ごとポリ袋に入れて常温で2日間。できるだけ早く食べきる。

point!
- シフォン型はフッ素樹脂加工のものよりも、熱伝導がよく生地と密着しやすいアルミ製がおすすめ。
- メレンゲはボウルを逆さにしても落ちないぐらいに泡立て、粉を加えてからは混ぜすぎない。

1. プレーン生地、抹茶生地ともに同様につくる。バターは角切りにしてボウルに入れ、湯せん(p.7参照)にかけて溶かす。温めた水を加えて混ぜる。

2. 別のボウルに卵黄を入れ、泡立て器でほぐしてからきび糖を加える。とろりとなるまで混ぜたら1を加え、泡立て器で均一に混ぜる。プレーン生地は薄力粉を、抹茶生地は薄力粉と抹茶を一度に加え、粉っぽさがなくなるまで混ぜる。

3. メレンゲをつくる。別のボウルに卵白とレモン果汁、分量のきび糖から小さじ1を入れ、ハンドミキサーの高速で泡立てる。泡が細かくなったら、残りのきび糖の半量を加える。

4. かさが増えてつややかになったら残りのきび糖を加え、さらに泡立てる。持ち上げると角が立ち、角がおじぎするぐらいになればよい。

5. まず2に4をひとすくい加え、メレンゲの泡が多少つぶれてもよいので、ゴムべらでよく混ぜ合わせる。それをメレンゲのボウルに戻し、今度は泡がつぶれないように混ぜ合わせる。

6. 5を型に流し入れ、軽くゆすって表面をならす。縁などに生地がついていたらふき取る。170℃のオーブンで35〜40分、十分にふくらむまで焼く。型を取り出して逆さにし、完全に冷めたら型から出す。

お菓子づくりに使う材料

レリーサでは数種類の粉や砂糖、バターを使い分けていますが、ここでは、すべてのお菓子に使いやすく、製菓材料店や大きなスーパーなどで手に入りやすいものを紹介しています。

薄力粉

お菓子づくりには粘りの出にくい薄力粉を使います。手に入りやすい、お好みの国産のものを使ってください。江別製粉の「ドルチェ」(富澤商店)は、北海道産小麦を100%使用し、香りがよく重すぎないので、クッキーはさっくり、ケーキはしっとりと仕上がります。

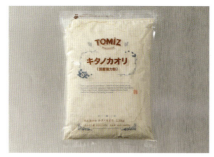

強力粉

薄力粉に比べてさらさらしていますが、水分を加えて混ぜると粘りが出ます。写真は北海道産小麦を100%使用した江別製粉の「キタノカオリ」(富澤商店)。焼き上がりがほんのりと黄みがかり、もっちりとした食感が特徴です。香りと風味のよさが気に入っています。

きび砂糖

さとうきびの風味とミネラル(カルシウム・鉄など)が生きた砂糖を使うと、お菓子の味がまろやかになります。さらさらとして使いやすい、日新製糖株式会社のきび砂糖(富澤商店)は手に入りやすくておすすめです。

黒糖(粉末)

粉状なので溶けやすく、深い色と独特のコクがあるのが特徴。乾パン(p.50)や熟成フルーツのケーキ(p.74)など、黒糖のコクと香りがほしいときに使います。粉状玉糖(富澤商店)は甘さがしつこくなくて、自然な風味です。

和三盆糖

粒子が細かいのでなめらかで口溶けがよく、上品でまろやかな甘さです。やさしい風味を生かしたいので、「和三盆糖のクッキー」(p.20)で仕上げにふりかけています。なければ、粉糖で代用しても大丈夫です。写真は純日本産で香りもよい、ばいこう堂株式会社のもの。

塩

写真は味の素株式会社の製品。備前岡山の海水のみを使用しており、さらさらとして使いやすく、まろやかな味わいです。できるだけ粒の小さい、精製塩でないものを選びましょう。

materials

よつ葉バター（食塩不使用）

新鮮で良質な北海道産生乳だけを使用した、よつ葉乳業株式会社のバター（富澤商店）。市販の加塩タイプには1〜2％の塩が添加されているので、塩の量は自分で調整できるよう、食塩不使用タイプを使っています。やさしい味わいのお菓子に使うことが多いバターです。

よつ葉　発酵バター（食塩不使用）

同じく、よつ葉乳業株式会社の発酵バター（富澤商店）。クリームを乳酸発酵させて作るため、クリームを発酵させずにつくるバターとはひと味違った甘い風味とさわやかな酸味が感じられます。特有の風味を生かし、バターの香りを際立たせたいお菓子に使います。

卵

健康な鶏が産んだ、できるだけ新鮮な卵（Mサイズ）を使っています。この本では、Mサイズの卵の重量＝約50g、卵黄＝約15g、卵白＝約35gを目安にしています。

アーモンドパウダー

ナッツを加えると、お菓子に香りやコクが出ます。フランス語名でアーモンドプードルとも呼ばれますが、パウダーと同様に粉状のアーモンドを意味します。やさしい味わいにしたいときは「皮なし」、「型抜きクッキー」（p.14）のように粒感を残したいときは「皮つき」がおすすめ。写真はアメリカ産を使ったもの（富澤商店）。

ヘーゼルナッツパウダー

ナッツの風味でより強い個性を出したいお菓子のときに加えます。香りを強調したいときや、「バーチ・ディ・ダーマ」（p.32）のように表情を出したいときは、「皮つき」を使ってみて。でき上がりが香ばしく、味に深みが出ます。写真はトルコ産で粒子の細かいタイプ（富澤商店）。

ビターチョコレート

日本で唯一のチョコレート原料の専業メーカーである大東カカオ株式会社の製品（富澤商店）は、酸味、苦みが強すぎないのが特徴。この本では、カカオ分50〜60％前後の乳化剤が入っていないものを使っています。

お菓子づくりに使う道具

量る、混ぜる、切る……ひとつひとつの作業には、おいしくするための工夫がいっぱい。きれいに仕上がるだけでなく、同じ配合でもぐんと味がよくなります。使いやすい道具を選ぶと作業もはかどるので、ぜひ試してみてください。

デジタルスケール

塩やスパイスなどを0.1g単位で使用するとき、最小単位0.1gのデジタルスケールがあれば正確です。「0表示」機能つきなら、ボウルや型などの重さを引いた状態で計量できます。

ストレーナー（万能こし器）

薄力粉や強力粉、ココアパウダーなど、粉類をふるうための道具。ヘーゼルナッツパウダーなど、粒の粗いものもふるいにかけてから生地に入れると、口当たりがよくなります。

ボウル

泡立て器やハンドミキサーを勢いよく使うことも多いので、適度な深さがあり、丈夫で熱が伝わりやすいステンレス製がおすすめ。大（直径24〜26cm）2個と中（直径18〜20cm）1個をそろえると便利です。

泡立て器（ホイッパー）

クリームチーズとサワークリームを混ぜ合わせるときなどに使います。柄が太めで握りやすく、針金が1本ずつしっかりしているものがよいでしょう。

Tools

ハンドミキサー
卵白やバターを泡立てるときに使います。羽根の部分が針金状の細いものより、写真のように羽根が板状になっているもののほうが、早くしっかり泡立てられます。

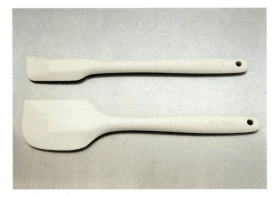

耐熱のゴムべら
材料を混ぜるときに使います。高温でも溶けないよう、耐熱温度200℃以上のシリコン製がおすすめ。大小あると便利ですが、大きいものだけでも大丈夫。へらと柄が一体型のものは、洗いやすくて衛生的です。

カード
クッキー生地を混ぜるときやロールケーキなどの巻きをしめるとき、絞り袋をしごくときなどに使います。混ぜるときはカーブを下、巻きをしめるときは直線を下にしてください。

絞り袋と口金
シナモンのクッキー(p.25)のような絞り出しクッキーをつくるときなどに使います。この本では、長さ25cmのポリエステル繊維(樹脂加工)の絞り袋とステンレス製の口金を使用。

めん棒
クッキー生地を平らにのばすときに使います。長さ35〜40cm、直径2.5〜3cmほどのものが扱いやすいでしょう。プラスティック製や合成ゴム製もありますが、適度な重さのある木製のものがおすすめです。

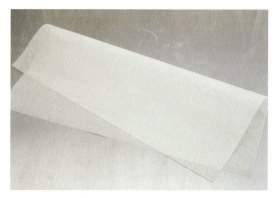

クッキングシート
この本では、グラシン紙にシリコン樹脂加工をした耐油紙を使用。天板や型に敷いて生地がくっつくのを防ぎます。二重にして箱を折り、生地を流し込む紙型にもできます（p.9参照）。耐熱温度250℃以上のものを使うこと。

天板
生地を入れた焼き型やクッキー生地をのせてオーブンに入れ、焼くときに使います。この本では26×38.5cmの天板を使用し、クッキーは中段、ケークは下段で焼いています。使っているオーブンの付属のものを使い、取り扱い説明書に従ってください。

パイカッター
クッキー生地を切り分けるときはペティナイフなどでもよいですが、パイカッターのほうが早くきれいに切れます。写真右のタイプはパイカッターの反対側をパイの縁をとじるのに使いますが、この本ではこちら側で型抜きクッキー（p.14）のワニの背に模様をつけています。

Tools

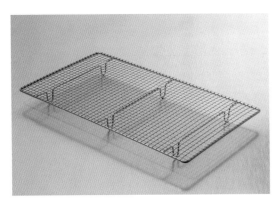

ケーキクーラー
ケーキクーラーはケーキラックとも呼ばれ、オーブンから取り出した焼きたてのクッキーやケーキを、手早く冷ますためにのせておく脚付きの網台。丸型・角型のほかに重ねて使えるタイプなど様々な種類があるので、お好みで選んで。

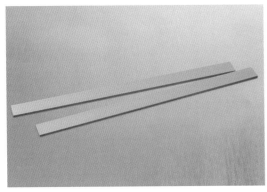

ルーラー
アルミ製のルーラーは、クッキー生地をポリ袋に入れてのばすときなどにあると便利。2本ではさんで上からめん棒を転がし、生地を均一の厚みにのばしたり、切り分けるときにパイカッターなどのガイドとしてあてたりします。清潔な定規でも代用できます。

ポリ袋
この本では、のばして切り分けるクッキー生地は、すべてポリ袋（厚さ0.03mm）に入れてのばしています。きれいな四角にのばしやすく、そのまま冷蔵庫で冷やせて、袋を切って開けば切り分けるときのシートにもなって便利。手持ちのポリ袋を切り開いて使っても。各クッキーで使ったポリ袋の大きさは下記の通りです。

〈20×30cmのポリ袋〉
和三盆糖のクッキー (p.20)
バーチ・ディ・ダーマ (p.32)
生キャラメルサンドクッキー (p.36)
チーズのクッキー (p.44)
アイスボックスクッキー (p.48)

〈23×34cmのポリ袋〉
型抜きクッキー (p.14)
レモンのクッキー (p.36)
黒こしょうのクッキー (p.40)
じゃがいものクッキー (p.42)
スパイスクッキー (p.45)
乾パン (p.50)

失敗なくつくるために……お菓子Q&A

ベーキングパウダーなどの添加物を使わずに、素材の持つ味や性質を生かしてお菓子を上手につくるには、ちょっとしたコツが必要です。いちばんおいしい時期を逃さず味わうための保存方法も含めて、Q&A形式でご紹介します。

Q.1

クッキーに、卵白だけ、卵黄だけ、全卵を使うときの違いはなに？

卵を使うクッキーでは、焼き上がりのかたさやどういう味を目指すかで、下記のように使い分けています。

〈卵白だけ〉
生地がしまるのでかために仕上げたいときや、抹茶のように個性的な素材の味を生かしたいとき。
- 抹茶のクッキー(p.24)
- シナモンのクッキー(p.25)

〈卵黄だけ〉
「卵らしさ」が際立つので、卵の風味を強調したいとき。
- バタークッキー(p.12)

〈全卵〉
卵白と卵黄のよさがそれぞれ生きるので、全体的にまろやかな味にしたいとき。
- 型抜きクッキー(p.14)
- 黒ごまのクッキー(p.22)
- レモンのクッキー(p.28)
- チョコレートサンドクッキー(p.30)
- ビスコッティ(p.34)
- 生キャラメルサンドクッキー(p.36)
- ロシアンクッキー(p.38)
- 黒こしょうのクッキー(p.40)
- チーズのクッキー(p.44)
- スパイスクッキー(p.45)
- アイスボックスクッキー(p.48)

Q & A

Q.2
どんなことに気をつけて材料をそろえればいいの？

香料や膨張剤などの添加物を使わないお菓子は、素材の味がストレートに出ます。仕上がりに差がつくので、農薬や化学肥料、添加物を使っていないものなど新鮮で安心できる材料がおすすめですが、そろえられる範囲で大丈夫です。フルーツはぜひ国産のものを選び、皮を使うレシピのときはよく洗いましょう。

Q.3
ケーク用の小さな型を2個持っていない場合、普通のパウンド型1個でも焼ける？

この本で使った小さなパウンド型2個分と同じぐらいの容量（約840㎖）の型なら、同様につくれます。型により焼き時間が変わることもあるので、調節してください。大きな型でつくると1切れが大きくなるので、ケークによっては食べ飽きることも。小さなケークを2個なら、1つは自分用、もう1つはプレゼント用にしたりと楽しめますよ。

Q.4

バターやチョコレートを電子レンジで溶かしたらダメ？

量が30g未満なら小さめの耐熱容器に入れ、ラップをかけずに電子レンジ弱にかけて溶かしてもOK。バターは1cm角に切り、200Wで3分弱、チョコレートは細かく刻み、200Wで4分弱が目安です。30gを超えるときは、ムラなく溶かすために湯せん(p.7参照)にするのがおすすめ。

Q.5

クッキー生地をきれいな円筒形にまとめるコツは？

生地をつくるとき、バターがだれてやわらかくなったら冷やしてひきしめるなど、状態を見極めることが大事です。クッキングシートの上からカードを使って巻きをしめるときは、ちょっと強いかなと思うくらい力を入れてみて。多少ゆがんでも味わいがありますが、くり返しつくることで上達するので、ぜひ何回かチャレンジしてください。

Q & A

Q.6 ケーキは冷凍保存できる？

大きいままか、切り分けて1切れずつラップで包み、密閉容器に入れて冷凍庫で2週間保存できます。食べるときは自然解凍しますが、再冷凍はしないこと。お好みで電子レンジ弱の100Wくらいで20秒かけると、ふんわりした食感でいただけます。「スフレチーズケーキ」(p.76)や「しっとりブラウニー」(p.78)、「かすてら」(p.80)、「シフォンケーキ」(p.82)は、やわらかいので冷凍には向きません。

Q.7 ケーキやクッキーを保存するときの注意点は？

乾燥剤を入れると、より日もちして風味を保てるのでよいのですが、時間がたつほど味はどんどん落ちてきます。お菓子は香りのよい、おいしいうちにぜひ食べきってください。温度や湿度の高い季節は、冷蔵庫に保存するのがおすすめ。「和三盆糖のクッキー」(p.20)や「抹茶のクッキー」(p.24)、「レモンのクッキー」(p.28)は、冷たいままでもおいしくいただけます。他のクッキーはお好みの温度にもどしてください。

無添加焼菓子

le risa

手づくりの温もりを感じられる、シンプルでおいしい焼き菓子。
東京・神楽坂にほど近い、小さなお店のショーケースを眺めていると、
ハッピーな気持ちがふわりと胸に広がります。
le risaは、イタリア語で「笑顔」のこと。

オーガニックや国内産の信頼できる食材を使い、
添加物や保存料をいっさい加えずていねいに焼き上げています。
自然の恵みがつまった、ナチュラルでやさしい味わい。
結婚式の引菓子など、大切な人への贈り物にもどうぞ。

le risa（レリーサ）
東京都新宿区山吹町128　プロス山吹町1F
http://www.lerisa.jp
営業時間 11：30～18：30（土曜・祝日は16：00まで）
定休日　日・月・火曜日　ほか不定休あり

田村智子

東京生まれ。短大では栄養科で学び、栄養士の資格を取得。卒業後は、大手保険会社に就職。6年間のOL生活のかたわら、お菓子教室やフードスタイリングの学校に通う。退職後、イタリアのトスカーナ地方にある料理学校で、主に家庭料理を学ぶ。帰国後、レストラン勤務などを経て、独立を決意。自分のペースでできるお菓子の店を選ぶ。2005年、東京・神楽坂に「無添加焼菓子 レリーサ」をオープン。良質な素材を使い、添加物を使わずに焼き上げるお菓子が評判に。素朴でしみじみとおいしい焼き菓子を求めて、遠方から駆けつけるファンも多い。

写真・木村 拓［東京料理写真］
撮影・伏見早織［世界文化社］(p.84〜85, 89)
スタイリング・荒木典子
ブックデザイン・塙 美奈［ME&MIRACO］
校正・株式会社円水社
編集部・石川奈都子

〈 本書で使った材料、道具などのお問い合わせ先 〉

● **TOMIZ（富澤商店）**
製菓材料から道具まで、お菓子づくりに欠かせないものが揃う。東京・ルミネ有楽町店を始めとして全国に店舗があり、インターネットショップも充実。粉、砂糖、バター、アーモンドパウダー、ビターチョコレートなどを入手できる。
ご注文専用ダイヤル ☎042-776-6488
（受付時間／平日9:00〜17:00 土曜日 9:00〜15:00 日曜日及び祝日は休業）
https://tomiz.com/

● **おかしの森（東洋商会）**
合羽橋にあるケーキやパン用器具、シュガークラフト用品の専門店。田村さんが愛用しているパウンド型や専用の敷紙はここで購入できる。
☎03-3841-9009 http://www.okashinomori.com/

無添加焼菓子「レリーサ」の
体にやさしい
クッキーとケーク

発行日　2019年3月25日　初版第1刷発行

著者　　田村智子
発行者　井澤豊一郎
発行　　株式会社世界文化社
　　　　〒102-8187
　　　　東京都千代田区九段北4-2-29
　　　　☎ 03-3262-5118（編集部）
　　　　☎ 03-3262-5115（販売部）

印刷・製本　　株式会社リーブルテック
DTP製作　　　株式会社明昌堂

©Satoko Tamura, 2019. Printed in Japan
ISBN 978-4-418-19305-9

無断転載・複写を禁じます。
定価はカバーに表示してあります。
落丁・乱丁のある場合はお取り替えいたします。

本書は、2011年に小社より刊行された
『レリーサの無添加焼き菓子』を、
大幅に加筆・修正した新装版です。